ADAC
Reiseführer

Italienische Adria

Von Gerda Rob
mit Fotos von Rainer Hackenberg

EIN ADAC BUCH

Inhalt

Treffpunkt für Touristen aus aller Welt – Venedigs Piazzetta zwischen Libreria (links) und Palazzo Ducale (rechts)

Verucchio – Hügelstadt der Malatesta

Längs der Karstküste – schöne Felsbuchten und Licht wie geschmolzenes Glas 51

Von Venedig bis zur Mündung des Po – Villen, Wasserland und berühmte Städte 59

Ravenna, Faenza, Forlì – Kunststädte der Emilia-Romagna 79

Von der Pineta Ravennas nach Rimini – Sommergewühl im Vorland bizarrer Festungen 89

San Marino – Trutzburg der Freiheit 99

Von Rimini bis Pesaro – wo der Apennin nach den Stränden greift 102

›Ragazzi‹ am Strand von Riccione

Taufe Christi, Oratorio San Giovanni (Urbino)

Am Monte Gargano liegt Rodi Garganico, dessen kubische Häuser aufs Meer schauen

Dies und Das

Leibwache der Kaiserin – Detail vom Mosaik der Theodora, Basilica di San Vitale (Ravenna)

Ital. Adria aktuell A bis Z

›Azzurro‹, die Farbe Blau, gibt im adriatischen Sommer den Ton an (Riccione)

Adriatische Versuchungen

Ein sanftes, warmes Meer, goldgelber Sand unter den Füßen, Sonne auf der Haut, magisches Licht, weiche Luft, Süden, Fülle, Weite. Das sind die *Attraktionen*, die Sommer für Sommer Millionen Badegäste an die **Adriaküste** locken, zu Ausflügen nach Venedig und in das an Kunst reiche Hinterland verführen. Italiens beliebteste Urlaubsküste, den **Regionen** Friuli-Venezia Giulia, Veneto, Emilia-Romagna, Marche und Abruzzo zugehörig, ist vielgesichtig, oft bilderbuchschön, eine erstaunliche, unverwechselbare, sensible, noch immer im Werden begriffene Landschaft. Dicht hinter den überfüllten **Stränden** findet man ein Land voller Wunder: stille Seen, Augebiete wie riesige Feuchtbiotope und Vogelparadiese an der Nordküste, **Städte** wie Ravenna, Padua, Ferrara oder Urbino voll von Kunst und Kulturgütern im Nahbereich der Badeorte, mächtige, der Zeit trotzende **Burgen** in San Marino und im Montefeltro und rührende, festungsgleiche **Hügelstädte** in den Regionen Marche und Abruzzo, die tief im Inland zu den Gipfeln, Schluchten und Bergseen des Apennin vordringen. Das große Erlebnis liegt im spannungsgeladenen *Nebeneinander* von Ferienseligkeit, sensationeller Architektur, tief wurzelnder Geschichte und magischen Landschaften.

Heiteres Meer – endlose Strände

Die Adria ruht sich an der flachen Südwestküste von der Dramaturgie ihrer **Steilküste** im Nordosten aus. Vom italienischen Ufer aus wirkt das *Nebenmeer* des Mittelmeeres sanft, fast schläfrig, wenn es die breiten Sandstrände seiner Küsten bespült, und romantisch, wenn es gegen die weiß-grauen Kalkfelsen im **Golf von Triest**, gegen die Apennin-Ausläufer südlich von Ancona und gegen die schroffen Hänge der **Halbinsel Gargano** im Süden brandet. Doch auch hier ist nichts kleinräumig, das Wasser gurgelt nur selten in Felsbuchten. Manchmal scheint es, als träumten das Meer und seine Küste den Traum der Unauffälligkeit. Der *Tidenhub* ist niedrig, das Meer weithin flach und kinderfreundlich, Wellenbrecher bändigen die Wogen schon im Anrollen.

Nie fand sich die Adria jedoch in ihrem **Nordbecken** mit dem Finale einer Küstenlinie ab, sondern schuf im Kampf mit den mündenden **Alpenflüssen** und ihrem Geschiebe, im Ringen von Salzwasser gegen Süßwasser, die *bizarre* Landschaft einer teils wachsenden, teils versunkenen Welt. Nun ist der Saum des **Veneto** und die Küste der nördlichen **Emilia-Romagna**, halb Wasser, halb

Land, grün und blau, zerrissen, durchlöchert wie Häkelspitze. Kanäle und **Lagunen**, winzige Inselchen, dünnhäutig, wie aus dem Meer ausgetrieben, werden bei Flut unsichtbar und die gras- und schilfgesäumten **Fischtäler** (valli) bei Grado, Caorle, in der südlichen Laguna Veneta und bei Comacchio bringen unvergleichbare Eindrücke.

Nur an der Küste der südlichen **Romagna**, der **Marken** und **Abruzzen**, bekommt das helle, pastellfarbene Meer kräftigere Nuancen, und sein kompakter, hier fast inselloser Küstensaum erhält durch den gebirgigen Hintergrund ein ernsteres Profil. Überall sprüht jedoch das Licht, und alles ist geradlinig: die *Strände* mit den exakt ausgerichteten Sonnenschirmkolonien, die überaus

Unten links: *Fruchtbare Landschaften, wohlbestellt und wie gemalt, trennen die Hügelstadt Fermo vom Meer*

Oben: *Geschichte und Geschichten nisteten sich in den wehrhaften Mauern der Altstadt von Vasto ein*

Unten: *Kein Raum für Träume von Einsamkeit am Strand von Cattolica*

chen, felsigen Abschluß der besprochenen Küstengebiete.

Die touristischen **Sommerorte**, allen voran die beinah legendären Bäder Jesolo, Lignano, Caorle, Grado, Milano Marittima, Cesenatico, Rimini und Cattolica, auf *Massenerholung* eingerichtet, muß man als solche begreifen. Längst haben sie sich von ihren Gründerstädten abgenabelt und eine neue, eigenständige, rationelle, oft uniforme **Vitalität** geschaffen. Ihre Hotels stehen mit den Zehen im Sand, allzuoft trennen sie jedoch breite Straßen vom Meer. Dem tagträumerischen **Badeleben** an den häufig bis 200 m breiten feinen **Sandstränden**, die jedem Gast dennoch nur eine winzige Parzelle zugestehen, und den fast grenzenlosen **Sportmöglichkeiten** steht ein lautes, buntes, turbulentes Après-Angebot gegenüber, das lange, schrille Nächte füllt. Aber oft nur wenige Kilometer vom Trubel entfernt ist das Land an der **oberen Adria** still und amphibisch, an der **unteren Adria** bukolisch und rustikal.

dicht stehenden *Hotelzeilen*, die in den *Häfen* aufgereihten Boote, die peniblen Pfahlreihen der Muschelzuchten, die gespannten Netze der Fischer, und selbst die Flugenten ziehen in der Morgendämmerung eine akkurate Bahn über die Lagunen. Die Regionen **Molise** mit Termoli und den Tremitischen Inseln und **Apulien** mit dem Stiefelsporn des Gargano-Massivs bilden den kontrastrei-

Oben: *Spätgotisches Fresko im Oratorio di San Giovanni von Urbino*

Unten: *Hoch über dem Marecchiatal drängen sich die Dächer Verucchios*

Oben rechts: *Vielbewunderte Kunst aus Byzanz – goldgrundiges Apsismosaik in Ravennas Basilica di San Vitale*

Unten rechts: *Straßenmaler zeigt sein Können auf der Piazza della Madonna von Loreto*

Barfuß im Wasser:
Venedig, die Königin der Adria

Venedig wuchs vom Beginn des 9. Jh. an aus dem Nichts, aus dem **Salzmeer**. Es wurde auf eingedeichten Böden, auf in Schlick gerammten *Holzstämmen*, auf winzigen, in Ebbe und Flut driftenden *Inseln* erbaut. Die Chancen der ersten Bewohner waren klein, sie konnten nur Fischer, Schiffsbauer oder Kauffahrer werden. Doch dieses zähe, fleißige, tüchtige, listige, macht- und geldlüsterne Volk machte aus der schwimmenden Plattform, die ihm die Adria bot, das faszinierendste **Freilichtmuseum** der Welt. Basilica San Marco, Palazzo Ducale, die prächtigen Gelöbnis- und Grablegekirchen, die 200 grandiosen Paläste am **Canal Grande**, wunderbare Bauten voll venezianischer Eigenart und voller orientalischer Inspirationen, entstanden aus den Gewinnen des **Seehandels**.

Noch heute feiert Venedig die ›Festa della Sensa‹ als Erinnerung an jenen Himmelfahrtstag von 1177, als *Doge Sebastiano Ziani* von seinem Prunkschiff aus einen goldenen Ring in das Adriawasser warf, um die Stadt symbolisch mit dem Meer zu vermählen. Ohne das **Meer** wäre Venedig nie geworden, wie es ist, würde es nicht alljährlich 17 Mio. Besucher anlocken. Über das Meer kamen *Luxusgüter* zuhauf, die ausgespähten Geheimnisse orientalischer Kunsthandwerker und viele erbeutete, geraubte und manchmal auch gekaufte *Kunstschätze*, die mit unglaublicher Ästhetik in venezianische Bauten eingefügt wurden, als wären sie hier entstanden.

Erst nach dem Verlust der **Weltmachtstellung** im 15./16. Jh. verspürten die Venezianer Lust auf ihre *Gegenwelt*, auf festen Boden, Hügel, Gärten, Bäume, Wei-

te. Auf der bereits längst eroberten **Terra ferma**, dem venezianischen Festlandbesitz, von den Toren Mailands bis Istrien und von den Alpen bis Chioggia, ließen sie ihre heute noch von Adriaurlaubern so vielbewunderten palastartigen **Landgüter** bauen. Und so, wie sich die Venezianer den Traum vom zeitweiligen Leben auf dem Festland erfüllten, nahmen ab der Mitte des 19. Jh. die fern des Meeres lebenden **Touristen** die endlosen Adriastrände in Sommerbesitz. In Grado, Caorle, Rimini, Riccione und Cattolica wurde der *Grundstein* für die Eroberung der Küste gelegt, die, ganz dem Badetourismus hingegeben, zwischen Oktober und Mai unendlich verlassen und einsam wirkt.

Kultur mit tiefen Wurzeln

Griechen, Etrusker, Veneter und Römer gründeten die ersten **Städte** am Küstensaum. Sie erstrahlten einst im augusteischen Glanz, gingen jedoch im Ansturm der Völkerwanderer unter. Nur in **Ravennas** Mausoleo di Galla Placidia zeigte das sterbende *Westrom* im 5. Jh. noch einmal herrliche Mosaikkunst, ehe sich der Stil von *Byzanz* durchsetzte, der die ravennatischen Kirchen im 6. Jh. mit seinen goldgrundigen Mosaiken schmückte. Ein kunsthistorischer Bogen spannt sich von den schönsten Bauwerken der **Romanik**, der Basilika von Grado, dem

Oben links: *Lust auf Genuß weckt der Fischmarkt von Chioggia*

Oben rechts: *Leonardo da Vinci plante den Hafenkanal von Cesenatico, die bunten Boote verleihen ihm noch heute Charme und heitere Harmonie*

Unten: *Weiße Würfelhäuser geben Peschici am Monte Gargano ein orientalisches Flair*

Rechts: *Mußestunden im berühmten Caffè Florian an der Piazza San Marco in Venedig*

Dom von Aquileia und der Abbazia di Pomposa, bis zur **Gotik**. Diese manifestierte sich, sieht man von den Mischstilen wie bei der Basilica di Sant'Antonio in Padua und den Kathedralen von Triest und Ancona ab, vorwiegend in *Venedigs prunkvollen Palästen*.

Ab dem 13. Jh. zog **Venedig** alle Macht und Aufmerksamkeit, die großen *Baumeister* und *Maler* an. Nur Giotto di Bondones Fresken in der **Scrovegni-Kapelle** von Padua bildeten einen Glanzpunkt abseits der Serenissima, in der hundert Jahre später Jacopo Bellini und Andrea Mantegna die typisch **venezianische Malerei** begründeten. Deren berühmteste Vertreter Giovanni Bellini, Giorgione, Tizian, Tintoretto, Paolo Veronese und Giovanni Battista Tiepolo füllten Kirchen, Paläste und später herrliche Museen wie Venedigs Gallerie dell'Accademia mit ihren Werken.

Am umfassendsten prägte die **Renaissance** die Kunst der Region. Venedig gab sich ihr mit der Architektenfamilie Lombardo, mit Mauro Codussi, Jacopo Sansovino und Andrea Palladio – ausgehend von der Frührenaissancekirche S. Maria dei Miracoli – voll und ganz hin. Ferrara, Rimini, Pesaro und Urbino folgten mit Palästen und z. T. unvollendeten Kirchen. Weder in Venedig noch in den Küstenstädten setzte sich jedoch der Überschwang des *Barock* wirklich durch. Eigenwillig zwischen Barock und Klassik pendeln Venedigs mächtige Paläste, ehe das große Bauen endete und nur Triest mit seinen Jugendstilpalästen noch neue Akzente setzte.

Obwohl alle Städte am Küstensaum viel älter sind als Venedig, ist die ›Königin der Adria‹ noch immer der beste Ausgangspunkt, um dieses Meer, diese Küste, dieses Hinterland kennenzulernen.

Der Reiseführer

Dieser Band stellt die **Urlaubsregion Adria** in 11 Kapiteln vor. Die Autorin beschreibt die Städte, Strände und Landschaften von **Venedig** aus, dem das 1. Kapitel gewidmet ist. Die folgenden zwei Abschnitte beschreiben die Lagunen- und Karstküste bis **Triest**. Brenta und **Po-Delta** sind Ausgangspunkte für die nach Süden führende Beschreibung der übrigen Kapitel. **Übersichtskarten** und **Stadtpläne** erleichtern die Orientierung. Die **Top Tips** bieten Empfehlungen zu Sehenswürdigkeiten, Restaurants, Hotels etc. Den Besichtigungspunkten sind **Praktische Hinweise** mit Tourismusbüros sowie Hotel- und Restaurantadressen angegliedert. Der **Aktuelle Teil** bietet alphabetisch geordnet Nützliches von Informationen vor Reiseantritt über Essen und Trinken bis zu Verkehrsmitteln. **Kurzessays** runden den Reiseführer ab.

Geschichte, Kunst, Kultur im Überblick

ab 5000 v. Chr. Lockere Besiedlung durch verschiedene Völkerstämme im gesamten Adriaraum.

um 2000 v. Chr. Auf den Hügeln von Istrien und Friaul entstehen die ersten durch Ringwälle geschützten Dörfer (castellieri).

2000–1800 v. Chr. Die bronzezeitliche Terramare-Kultur (durch Wälle und Gräben geschützte Rundhäuser auf Pfählen) breitet sich im Adriaraum aus.

um 1000 v. Chr. Friedliche illyrische Veneter, Pferdezüchter und Händler, besiedeln die Po-Ebene und die nördliche Adriaküste. Ihre Hauptzentren sind Este und Padua.

1000–900 v. Chr. In den Regionen Abruzzen und Marken entfaltet sich die Piceno-Kultur (Nekropole in Petrarca).

um 900 v. Chr. Einwanderer bringen die Villanova-Kultur (benannt nach dem bedeutendsten Fundort bei Bologna) in die Romagna.

ab 600 v. Chr. Vorstoß der kulturell hochstehenden Etrusker aus Latium und der Toskana bis an die romagnolische Adriaküste. Ravenna, Rimini und das später versunkene Spina werden ihre Hafenorte.

Etruskische Schönheit. Fresko-Porträt auf einem Grabmal nahe Orvieto

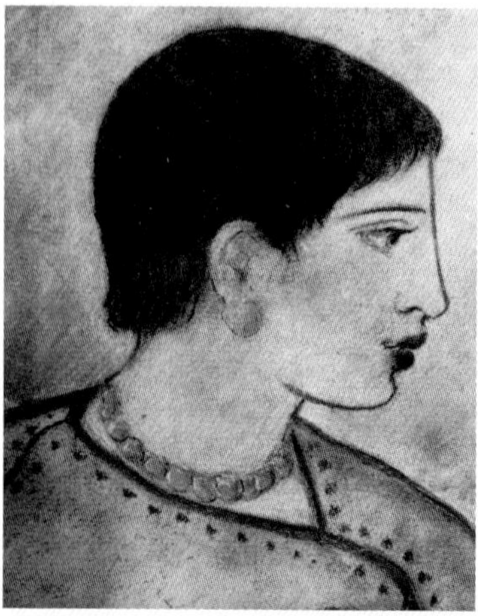

510 v. Chr. Vertreibung der etruskischen Könige aus Rom. Beginn der römischen Republik.

400–383 v. Chr. Keltische Stämme fallen in Oberitalien ein und plündern 386 Rom. Niedergang des Etruskerreiches.

350–250 v. Chr. Rom erstarkt und dehnt seine Macht immer weiter aus, seit dem Jahr 272 auch auf alle Gebiete südlich der Poebene.

220–185 v. Chr. Gallia Cisalpina (das Po-Gebiet) wird römische Provinz. Über die neue Via Flaminia von Rom nach Rimini und die Via Aemilia nach Piacenza werden Krieger, Sklaven, Beutegüter und Handelswaren transportiert.

181 v. Chr. Römer gründen Aquileia als Vorposten gegen die Kelten und unterwerfen Istrien. Die ›Regio Venetia et Histria‹ mit Zentrum Aquileia entsteht.

um 115 v. Chr. Zwischen den neuen Römerstädten Mediolanum (Mailand), Ticinum (Pavia), Aquileia und Tergeste (Triest) entsteht ein Netz von Handelsstraßen. Im Land zieht Wohlstand ein.

49 v. Chr. Gaius Julius Caesar, Statthalter der im Jahr 89 in das Reich eingegliederten Provinz Gallia Cisalpina, entfesselt im Kampf gegen Pompeius den 2. römischen Bürgerkrieg, aus dem er als Alleinherrscher hervorgeht. Seine Ermordung im Jahr 44 bedeutet das Ende der römischen Republik und den Beginn der Kaiserzeit.

30 v. Chr. Kaiser Augustus verkündet die ›Pax romana‹. Diese Friedenspolitik läßt die Städte erblühen. Foren, Tempel, Villen und Theater werden gebaut. Roms Adriaflotte ankert in den Häfen von Ravenna, Aquileia, Gradate (Grado) und Ariminum (Rimini).

4. Jh. n. Chr. Beginn der Christenverfolgung, die 313 durch das Toleranzedikt von Mailand beendet wird. Die ersten Kirchen entstehen.

395 Das Römische Reich zerfällt in Westrom (Hauptstadt Mailand) und Ostrom (Hauptstadt Konstantinopel). Italiens Adriaküste fällt vorerst an Westrom.

ab 402 Plündernd ziehen die Westgoten unter Alarich durch das Land.

410 Kaiser Honorius verlegt seine Residenz von Mailand nach Ravenna. Die Stadt blüht auf. Es entstehen grandiose frühchristliche Mosaikzyklen.

452 Attilas Hunnen brechen in den nördlichen Adriaraum ein. Flucht der Bevölkerung in die Lagune.

476 Das Weströmische Reich ist am Ende. Der Heruler Odoaker setzt Kaiser Romulus Augustulus ab und begründet die erste germanische Herrschaft in Italien.

493 Der gotische Heerkönig Theoderich rückt vom Balkan vor, besiegt Odoaker und errichtet das Ostgotenreich mit Residenzen in Ravenna, Pavia und Verona. In Ravenna entstehen wiederum prachtvolle byzantinische Mosaiken.

536–572 Justinian, Kaiser von Byzanz, versucht in einer gewaltigen Kraftanstrengung ›Roma aeterna‹ wiederherzustellen. Ganz Italien wird oströmische Provinz, doch das Land kommt nicht zur Ruhe. Langobarden überschreiten 568 die Alpen und errichten ein von kämpferischen Herzögen verwaltetes Königreich.

638 Die Bevölkerung Venetiens leidet unter den Langobarden, die Inseln werden zum Refugium. Um bereits früher erbaute Kirchen entstehen Siedlungen.

Erste Besiedlung der Lagune. Phantasievedute (16. Jh.)

697 In Eraclea, nordöstlich von Venedig, residiert der erste Dux (dux = Herzog, später Doge).

756 Frankenkönig Pippin III. besiegt die Langobarden und unterstellt Ravenna und den Küstenstrich zwischen Rimini und Ancona dem Papst (›Pippinsche Schenkung‹). Diese Gebiete sind Teil des kommenden Kirchenstaats.

774 Karl d. Gr. erobert das Langobardenreich und dehnt die Herrschaft der

Mitglieder des Großen Rats verlassen den Palazzo Ducale über die Scala dei Giganti (16. Jh.)

Franken auf ganz Norditalien (bis Chieti) aus. Nur Venedig bleibt vorerst ausgespart.

809–811 Franken fallen in Venetien ein, zerstören die Küstenorte und dringen in die Lagune vor. Byzanz kommt den Seevenetern zu Hilfe. Der Doge Agnello Partecipazio verlegt den Regierungssitz nach Rialto. Venedig entsteht.

812 Byzanz erkennt im Frieden von Aachen das Kaisertum Karls d. Gr. an und erhält im Gegenzug Seevenetien zurück.

1000 Der Norden Italiens gehört nun zum Römischen (deutschen) Reich. Rom ist die Residenz des Kirchenstaates, der für Jahrhunderte die Adriaküste der Romagna und der Marken einschließt. Venedig, nun beinahe unabhängig von Byzanz, sichert sich durch militärische Interventionen an der istrischen und dalmatinischen Küste die Vorherrschaft in der Adria.

1075 Höhepunkt des Investiturstreites zwischen Kaiser und Papst, dem 1077 die Aussöhnung folgt (Gang Heinrichs IV. nach Canossa).

1133 Normannen bringen die Region Abruzzen unter ihre Kontrolle und gliedern sie dem Königreich Sizilien (später Neapel) an. Die Eingliederung bleibt 700 Jahre bestehen.

1172 In Venedig wird der Große Rat gebildet, der die Adelsherrschaft des Stadtstaates bis zum Ende der Republik sichert.

1204 Kreuzfahrer unter Führung des Dogen Enrico Dandolo erobern Konstantinopel. Raub von Kunstschätzen zum Nutzen Venedigs. Die ersten veneto-byzantinischen Paläste entstehen.

ab 1212 Beginn des Streits zwischen papsttreuen Guelfen, die den Städten mehr Unabhängigkeit zubilligen, und den Ghibellinen, die eine kaiserliche Universalherrschaft anstreben.

ab 1250 Bildung von Stadt- und Fürstenstaaten im politisch zerrissenen Italien. Condottieri und Feudalherren lösen die republikanische Verfassung auf und gründen erbliche ›Signorie‹.

1378–81 Der Kampf der Seemächte um die Vormachtstellung auf den Meeren endet im Chioggia-Krieg mit einem Sieg Venedigs über Genua.

1382 Triest sucht bei Österreich Schutz vor venezianischen Angriffen und begibt sich in eine Jahrhunderte dauernde Abhängigkeit.

1404–35 Venedig verstärkt seine Präsenz auf der Terra ferma (= Festland). Der venezianische Staat erreicht um die Mitte des 15. Jh. seine größte Ausdehnung von den Alpen bis zum Po.

ab 1440 In Venedig, Ferrara, Ancona und Urbino entstehen prächtige Renaissancepaläste.

ab 1450 Die Künstlerfamilie Bellini (Jacopo, Gentile und Giovanni) prägt den typisch venezianischen Malstil.

1453 Die Türken erobern Konstantinopel. Venedig wird vom Fernhandel abgeschnitten.

1481 Venedig okkupiert das Land im Po-Delta.

1492–98 Christoph Kolumbus entdeckt Amerika, Vasco da Gama findet den Seeweg nach Ostindien. Die Adria verliert an Bedeutung, Venedig büßt seine Vormachtstellung ein.

1505 Venedig gibt dem Kirchenstaat die Besitzungen in der Romagna zurück, mit Ausnahme von Rimini und Faenza.

1508 Papst Julius II., Frankreich, Deutschland und Spanien verbünden sich in der Liga von Cambrai gegen Venedig. Venedig muß (geringe) Gebietsverluste auf der Terra ferma hinnehmen.

ab 1510 Das ›Goldene Zeitalter‹ der venezianischen Kunst bricht an: Die Maler Vittore Carpaccio, Tizian, Jacopo Tintoretto, Palma Vecchio, Lorenzo Lotto, Paolo Veronese und die Baumeister Pietro Lombardo, Andrea Palladio, Jacopo Sansovino und Baldassare Longhena sind in Venedig tätig.

1571 Sieg der Heiligen Liga (Kirchenstaat, Venedig, Spanien) in der Seeschlacht von Lepanto über die Türken.

1707 Die Region Abruzzen kommt als Teil des Königreiches Neapel an Österreich.

1718 Venedig verliert seinen gesamten Kolonialbesitz (Griechenland und die griechischen Inseln), erlebt aber dennoch eine letzte künstlerische Blüte.

1748 Alle Besitzungen rund um Venedig fallen an Österreich.

1796–1805 Napoleons Truppen fallen in Norditalien ein und besetzen 1797 Venedig. Der letzte Doge Lodovico Manin dankt ab. Wechselnde französisch-österreichische Besatzung.

1814/15 Der Wiener Kongreß beschließt die Wiederherstellung des unter Napoleon aufgelösten Kirchenstaates. Venedig, Venetien, Friaul und die Lombardei fallen an Österreich.

ab 1843 In Rimini und Venedig (1857) nimmt der Adriatourismus mit ersten Strandbädern seinen Anfang.

1849–71 Die nationale Einigung Italiens, das ›Risorgimento‹, beginnt. 1861 erfolgt die Proklamation des Königreiches Italien. Im Krieg mit Österreich 1866 gewinnt Italien Venedig, die Region Veneto und den westlichen Teil Friauls zurück. 1871 ist die Einigung vorerst abgeschlossen, Rom ist Hauptstadt, und nur Triest und die Küste bis Grado bleiben unter der Kontrolle Österreichs.

1915 Italien tritt gegen Deutschland und Österreich-Ungarn in den Ersten Weltkrieg ein. Am unteren Isonzo finden schwere, für beide Seiten ungemein verlustreiche Kämpfe statt.

1919 Ende der Habsburgermonarchie. Triest und Istrien (1920) fallen an Italien.

1922 Benito Mussolini übernimmt die Staatsgewalt in Italien.

Pomp der Jahrhundertwende: Hotel Excelsior am Lido

›Acqua Alta‹ – Hochwasser auf der Piazzetta von Venedig, 1966

1940 Italien tritt in den Zweiten Weltkrieg ein. Schwere Schäden durch alliierte Bombardements an italienischen Städten und Kunstschätzen.

1945–47 Entstehung der Italienischen Republik. Im Friedensvertrag von Paris tritt Italien Istrien an Jugoslawien ab. Triest wird Freistaat unter alliierter Oberaufsicht.

1955 Einsetzen des großen Touristenbooms in den adriatischen Küstenorten.

1964 Schaffung der Autonomen Region Friuli-Venezia Giulia aus Friaul, Görz und der Stadt Triest.

1966 Schwere Sturmflut in Venedig. In der Folge technische Großprojekte zum Schutz der Lagune, die erst 1988 (aufblasbare Hochwasserdämme) in kleinen Teilen verwirklicht werden.

1980–90 Neuerlich Aufwärtstrend im Adriatourismus. Die Algenpest im Jahr 1989 bedeutet eine temporäre Einbuße. Inzwischen hat sich der Tourismus wieder erholt.

1996 Das berühmte Gran Teatro La Fenice in Venedig fällt einem Brand zum Opfer.

1999 Große 500-Jahr-Feier für den restaurierten Torre dell'Orologio in Venedig.

Sehenswürdigkeiten

Venedig – Schatzhaus im Wasser

Venedig ist eine beispiellose Erfolgsgeschichte in Stein, das kompakteste **Museum** der Welt, der bedeutendste Bauplatz für Paläste. Ihre Lage im Wasser macht die Stadt unvergleichlich. Auf der touristischen Weltkarte steht die einstige ›**Serenissima**‹ der Dogen obenan. Still, voll dekadentem Charme im Winter, überfüllt im *Karneval* und ächzend zwischen Frühling und Herbst unter dem Gedränge und Geschiebe ihrer Besucher, ist die **Lagunenstadt** dennoch der beste Ausgangspunkt für Reisen längs der Adriaküsten.

1 Venedig

Plan Seite 20

Die kostbarsten ›Sestieri‹ (Stadtsechstel) der Erde. Tausend Jahre Arbeit für Konservatoren.

Geschichte Das alte römische Reich war schon untergegangen, als sich im 5./6. Jh. die ersten Flüchtlinge aus Venetien auf den *Laguneninseln* niederließen. Der 25. März 421, als **Gründungsdatum** Venedigs festgelegt, ist allerdings eine Fiktion. Die Inselsiedlungen auf Malamocco, Torcello und Burano, ab 533 dem byzantinischen Exarchat von Ravenna unterstellt, mußten erst ihren politischen Mittelpunkt finden. 697 wurde Paoluccio Anafesto zum ersten **Dux** (Doge) mit Sitz in Eraclea ernannt. 742 verlegte man den Dogensitz auf die Insel Malamocco, und erst 810/11 regierte der 11. Doge, Agnello Partecipazio, von der neuen Residenz **Rialto** (= Rivus Altus, ›Hohes Ufer‹) aus. Nun erst konnte sich aus dem Schlick, auf Millionen in die Mergelschicht eingerammten Baumstämmen, das spätere Venedig entwickeln.

Das erste *Dogenkastell*, die ersten Holzhäuser wurden gebaut, der erste Heilige, Theodor mit dem Krokodil, erkoren, jedoch schon 828 gegen die in Alexandria entführten Reliquien des **hl. Markus** ausgetauscht. San Marco wurde zum Stadtpatron, sein Wappentier, der geflügelte *Löwe*, zum Wahrzeichen der Stadt. Beflügelt war auch ihr Aufstieg: Rasch wurde sie zum Warenumschlagplatz zwischen Orient und Okzident, zum **Handelsplatz** von Holz, Sklaven, Seide aus China, Klingen aus Damaskus, Gewürzen aus Indien, Flachs, Leinen und Edelsteinen aus Ägypten. Byzanz und Reichsitalien räumten venezianischen Kaufleuten große Privilegien ein. Durch militärische Erfolge dehnte der Stadtstaat um 1000 seine Macht über die östliche Adriaküste aus.

Welch ein Eingangstor für eine Stadt! Die Piazzetta verbindet Palazzo Ducale und Libreria, Meer und Land, Vergangenheit und Gegenwart, Natur und Baukunst

 Vorhergehende Doppelseite: *Venedigs Kleinod S. Maria della Salute*

Im 12./13. Jh. kam es zu einer Neudefinition der Republiksverfassung. Die Wahl und Kontrolle des ursprünglich vom Volk gewählten Dogen erfolgte nun durch den mächtigen **Maggior Consiglio** (Großer Rat), dem ab 1297 nur mehr Mitglieder der 287 im ›Goldenen Buch‹ verzeichneten Adelsfamilien angehören durften. Die Regierung der ›Republik San Marco‹ bestand aus dem Kollegium des **Dogen** und sechs Beratern, aus dem Großen Rat als gesetzgebender Autorität, aus dem **Senat** als regierendem Parlament und wurde später um die **Quarantia** (Gerichtshof) und den **Consiglio dei Dieci** (Rat der Zehn) ergänzt.

1204 zogen die Venezianer im 4. Kreuzzug gegen Konstantinopel und legten die Hauptstadt der einstigen Schutzmacht in Schutt und Asche, stürzten die byzantinische Dynastie und setzten das lateinische Kaisertum ein. Venedig gewann $^3/_8$ des Byzantinischen Reiches, sowie Kreta und die Kykladen und damit den Status einer **Großmacht**. Ein Status, der durch den Sieg über die Seemacht Genua 1378 bei Chioggia noch gefestigt wurde.

Im 14. Jh. erreichte der Stadtstaat den Gipfel seines Glanzes und erweiterte nach 1400 sein Machtgebiet auf der Terra ferma, dem Festland. Padua, Vicenza, Verona, Bergamo und Brescia wurden eingegliedert. Gleichzeitig avancierte Venedig zu einem **Zentrum der Künste**. Die Familien Bellini und Vivarini begründeten den Ruhm der venezianischen Malerei.

Doch bald erwies sich, daß die Macht der Lagunenstadt nicht unantastbar war. Im Osten drangen die Türken immer weiter in die Interessensphären Venedigs ein. 1453 fiel Konstantinopel in ihre Hand. Durch die **Entdeckungen** von Christoph Kolumbus und Vasco da Gama verlor Venedig Ende des 15. Jh. die führende Rolle auf den Meeren an Spanien, Portugal, England und die Niederlande. Auf dem Festland verbündeten sich 1508 in

der ›Liga von Cambrai‹ deutscher Kaiser, Papst, Frankreich und Spanien gegen Venedig, und die Serenissima büßte einige Gebiete ein.

Trotz allem blühte die Kunst in der Lagunenstadt: Tizian, Giorgione, später Jacopo Tintoretto, Lorenzo Lotto und Paolo Veronese malten wie besessen. Mit dem Bildhauer Pietro Lombardo und seinen Söhnen hatte gegen Ende des 15. Jh. die Frührenaissance Einzug gehalten. Im 16. Jh., der Epoche der Hochrenaissance, bestimmte Jacopo Sansovino Architektur und Bildhauerkunst. Gleichzeitig investierten Venezianer nun verstärkt in die Terra ferma, in jene palastartigen **Landgüter**, die Andrea Palladio so meisterhaft entwarf.

Es folgte eine politisch glücklose Periode. Die Auseinandersetzungen mit dem Papst eskalierten, der Handel ging zurück, die Pest forderte 50000 Opfer, und die Türken griffen an. Venedig verlor im 18. Jh. den gesamten Kolonialbesitz und damit den Großmachtstatus. Noch einmal schwang sich die Stadt zur künstlerischen Blüte auf. Antonio Canaletto, Francesco Guardi, Giambattista Tiepolo und sein Sohn Giandomenico gaben ihr den letzten Glanz.

1797 drang **Napoleon** in die Stadt ein, und der letzte *Doge Lodovico Manin* dankte ab. Die Republik war kurzzeitig französisch, dann österreichisch, dann wiederum französisch und fiel 1815 an das habsburgische Königreich Lombardo-Venetien, ehe sie 1866 Teil des italienischen Königreiches wurde.

Im 20. Jh. schuf man festländische **Industriezonen** in Mestre und Marghera, die zur Abwanderung großer Bevölkerungsteile aus dem ›Centro storico‹ führten. Die Fahrrinnen für Schiffe wurden erheblich vertieft und dem Boden damit große Grundwassermengen entzogen. Dadurch sank er immer schneller ab, und die Kanäle wurden zu Aufmarschstraßen für die Adriafluten. Aus der schrecklichen **Hochwasserkatastrophe** von 1966 wurden Lehren ge-

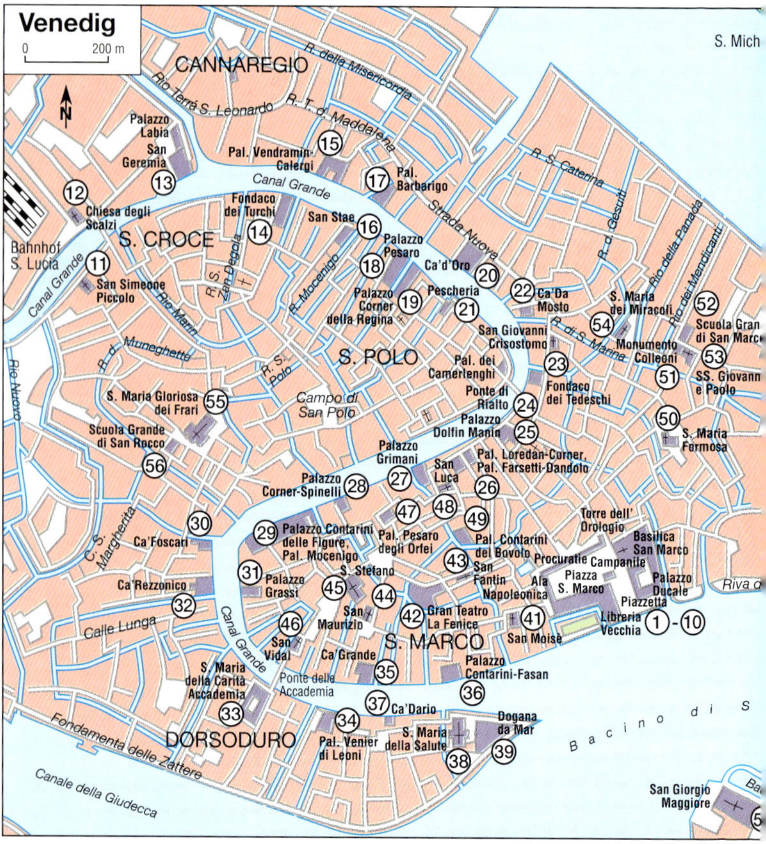

Innenhof des Palazzo Ducale mit Blick auf den Repräsentationsbau des Arco Foscari (links) und die Scala dei Giganti, den Aufgang zum imposanten Ostflügel (rechts)

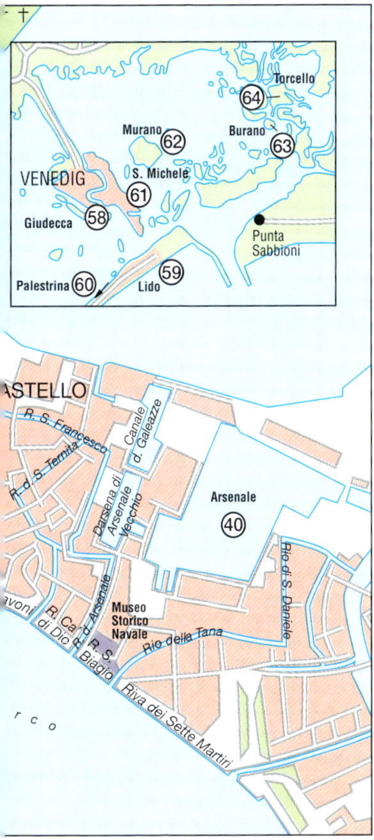

zogen. Technische Großprojekte zum Schutz der Lagunenstadt wurden bisher jedoch nur in Ansätzen realisiert, da ihr Erfolg durchaus umstritten ist. Dennoch wird der vielbeschworene Untergang Venedigs noch sehr lange auf sich warten lassen.

Piazza San Marco

Schöner könnte der Eintritt in eine Stadt kaum sein: Vieles spricht dafür, den ersten Rundgang an der zum Meer hin offenen **Piazzetta San Marco** ① zu beginnen. Die beiden **Säulen** am Molo, Colonna di Marco und Colonna di Todaro, ließ Doge Sebastiano Ziani 1172 aufstellen. Sie verdeutlichen Weltläufigkeit: Die Monolithe stammen aus Tyrus, der *geflügelte Löwe* aus Persien, die Marmorstatue des *hl. Theodor* auf dem Krokodil ist in Teilen römischer Herkunft. Obwohl die Säulen wie ein freundliches Eingangstor wirken, ist ihre Geschichte eher blutrünstig, denn zwischen ihnen befand sich bis ins 16. Jh. der Richtplatz.

Palazzo Ducale ②

Die monumentale Westfront des Palazzo Ducale (Dogenpalast) nimmt die gesamte Länge der Piazzetta ein. Eine erste befestigte *Wohnburg* des Dogen Agnello Partecipazio stand hier schon 812.

Nachfolger gaben mehrere Umbauten in Auftrag, doch in der stets von Mord und Verschwörung knisternden Atmosphäre war ihr Dogat oft nur kurz bemessen. Größere Vorhaben wurden nicht zu Ende gebracht, einige Ansätze gingen in Flammen auf.

Der **heutige Palast**, auf einem gewaltigen Rost aus Baumstämmen und Stein erbaut, blickt auf eine lange Bauzeit (1340–1550) zurück. Zuerst entstand der zum Bacino di San Marco hin ausgerichtete **Südflügel**. Stämmig wirken die Erdgeschoßsäulen mit ihren überreich gearbeiteten Kapitellen, zierlich die *Loggia* darüber mit ihren Dreipaßbogen. Ihre schlanken, in Kleeblattrosetten endenden Säulen scheinen die ganze Last des massigen Oberbaus zu tragen, dessen Schwere durch ein rautenförmiges Marmormuster, durch gotische Bogenfenster, eine reichverzierte kostbare Mittelloge und durch zinnenähnlichen morgenländischen Zierat aufgelockert wird.

Der zur Piazzetta gewandte **Westflügel** wurde ab 1424 in der gleichen gotischen Form errichtet, während der 100 m lange **Ostflügel** am Rio del Palazzo, nach einem Brand ab 1483 erneuert, bereits den Einfluß der Frührenaissance zeigt.

Fotogen von außen, traurig von innen. Über die Seufzerbrücke führte der direkte Weg ins Staatsgefängnis

Würdevolle Gotik schmückt die von der Piazzetta ausgehende **Porta della Carta**, ein Prunktor, das Giovanni und Bartolomeo Bon 1438–42 schufen. Besucher betreten das Palastareal (tgl. 8.30–19 Uhr) durch die **Porta del Frumento**. Links davon befindet sich das **Museo dell' Opera** (Museum der Bauhütte) mit Architekturteilen des originalen Fassadenschmucks, die vor der starken Umweltbelastung in Sicherheit gebracht wurden. Die schöne Sammlung leitet in den *Cortile del Palazzo* über, dem die 1483 von Antonio Rizzo dekorativ im Renaissancestil gestaltete Hoffassade Feierlichkeit und Würde verleiht. Ein besonderer Blickfang ist die **Scala dei Giganti** (Treppe der Giganten) mit Jacopo Sansovinos Skulpturen Mars und Neptun, Symbolen der Macht zu Wasser und zu Lande.

Die **Scala d'Oro**, eine von Jacopo Sansovino entworfene überreich mit vergoldetem Stuck geschmückte Treppe, führt vom Loggiageschoß in das 2. Obergeschoß. Hier beginnt die Flucht der prächtig ausgestatteten, heute musealen *Amts-* und *Repräsentationsräume*. Viele ihrer Dekorationen, ursprünglich von Guariento, Antonio Vivarini, Giovanni Bellini, Vittore Carpaccio und Tizian geschaffen, fielen Bränden zum Opfer und wurden von Jacopo Robusti, dem einst Tizian den Namen ›**Tintoretto**‹ (Färberchen) gab, und von **Paolo Veronese** erneuert. Das große Thema dieser Malereien war die schwelgerische *Verherrlichung Venedigs*, die glanzvolle Selbstdarstellung der Republik.

Auf den **Atrio Quadrato** mit einem Deckengemälde Jacopo Tintorettos (1561–64) folgt die nach Plänen von Andrea Palladio gestaltete **Sala delle Quattro Porte**. Tizian begann 1550 das Bild des knienden Dogen Antonio Grimani an der Eingangswand (Mitte), vollendet hat es Marco Vecellio. In der anschließenden kleineren **Sala dell'Anticollegio** warteten ausländische Gesandte auf eine Audienz. Ihnen wurde Macht und Reichtum Venedigs im mythologischen Bildprogramm demonstriert. So steht Tintorettos ›Vermählung des Bacchus mit Ariadne‹ symbolhaft für die Vermählung Venedigs mit dem Meer. Eindrucksvoll ist auch Paolo Veroneses ›Raub der Europa‹. Die **Sala del Collegio**, Empfangssaal des Staatsrats für allerhöchste Besucher, besticht durch die Wandbilder Tintorettos und den überaus prächtigen Zusammenklang

Das Spiel von Licht und Schatten auf Tintorettos Paradies-Gemälde (nach 1588) an der Stirnwand der Sala del Maggior Consiglio suggeriert den Eindruck ständiger Bewegung

des geschnitzten, vergoldeten Soffitto (Kassettendecke) mit den Deckenbildern von Paolo Veronese (ab 1575). In der **Sala del Senato**, dem Senatssaal, entschied man, unter Tintorettos Bild ›Venedig als Herrin der Meere‹ offenbar stilvoll beflügelt, über wichtige Angelegenheiten wie Krieg und Frieden.

Auf der anderen Seite der Scala d'Oro befinden sich die Räume des **Consiglio dei Dieci**. Diese seit 1310 bestehende Verfassungsschutz-Behörde umgab sich mit allen Schrecken einer geheimen Macht. Angeklagte nahmen in der **Sala degli Inquisitori** (Folter erlaubt) unter Tintorettos Deckengemälde ›Der verlorene Sohn‹ Aufstellung, sie warteten in der **Sala della Bussola** auf Hochverratsurteile, die in der **Sala del Consiglio dei Dieci**, im goldstrotzenden Ambiente unter Paolo Veroneses Deckengemälde ›Zeus schleudert seine Blitze gegen die Laster‹ (Kopie), ausgesprochen wurden.

Im **1. Obergeschoß** (Zugang über die Scala dei Censori) befinden sich im Ostflügel die Gemächer des Dogen. Einige von ihnen blicken auf den frühbarocken **Ponte dei Sospiri** (Seufzerbrücke), der den Palast im 1. Stockwerk mit den **Prigioni** (Gefängnissen) verbindet. Über den Ponte gingen die Verurteilten entweder zur Hinrichtung, wie Casanova in die ›Piombi‹ (Bleikammern) unter dem Dach, oder zu den ›Pozzi‹ (Brunnen), den feuchten Zellen auf Wasserniveau.

Prachtaussicht und Meerfront waren nicht für die Dogen, sondern für die 1350 m^2 große **Sala del Maggior Consiglio**, den Saal des Großen Rates, reserviert. Von der ursprünglichen Ausmalung konnten nach dem Brand von 1577 nur Teile vom ›Paradies‹ des Guariento gerettet werden (Sala del Guariento). Die Neuausschmückung erfolgte ab 1578. Zur Ausstattung gehören Wandgemälde mit historischen Themen und Tintorettos berühmtes ›**Paradies**‹. Das größte Ölgemälde der Welt (22 x 7 m) bevölkern 500 Figuren. Bemerkenswert ist auch ein Fries mit Dogenbildnissen – das Bild des enthaupteten Marino Falier ist geschwärzt. Darüber erhebt sich der prachtvolle **Soffitto** mit Veroneses ›Apotheose Venedigs‹, ein kongenialer Rahmen für die Ratssitzungen! Nicht weniger von Venedigs Größe umschmeichelt, traf man im Ambiente von Seeschlachten und Siegen (Tintorettos ›Einnahme von Zara‹) in der **Sala dello Scrutinio** die Vorbereitungen zu Dogenwahlen.

Libreria Vecchia ③

Die **Renaissance-Fassade** der Libreria Vecchia rahmt die Westseite der Piazzetta. Der 1536 von Jacopo Sansovino begonnene, 1588 von Vincenzo Scamozzi vollendete Bau ist leicht, luftig, verspielt, durch Dekorationsplastik aufgelockert – Schauarchitektur in Vollendung. Die den Bogen vorgesetzten Säulen geben der Arkadenwand Tiefe, Plastizität und ein bewegliches Schattenspiel. Die Bibliothek ist ein Meilenstein im Wandel von gotisch-venezianischen Bauformen zur Renaissance. Ihr mächtiges **Mittelportal**, das karyatidengerahmte Treppenhaus, die **Antisala** mit Tizians ›Weisheit‹ an der Decke und die **Sala Dorata** (Goldener Saal) mit Medaillons berühmter venezianischer Maler in der Deckenwölbung zeigen sich prunkvoll. Im Bibliotheksbau, der heute auch Sansovinos **Zecca** (Münze) an der Wasserfront einschließt, sind die **Biblioteca Nazionale Marciana** und das **Museo Archeologico** (s. S. 39; wertvolle Antikensammlung) untergebracht.

An der Nahtstelle von Piazzetta und Piazza San Marco steht der 98 m hohe **Campanile** ④. Auffallend ist seine Backsteinfarbe, kontrastierend dazu das Blütenweiß des arkadenverzierten Glockengeschosses. Seine **Baugeschichte** be-

gann im Jahr 890, sie war von Unglücksfällen gezeichnet. Der bisher letzte: Im Sommer 1902 stürzte infolge von Gewitterstürmen der Campanile ein. Schon zwei Jahre später war er wieder aufgebaut und der schier unverzichtbare Ausblick von der *Glockenstube* (tgl. 9–19 Uhr, Aufzug) wieder möglich.

Der einstürzende Koloß ruinierte auch die Triumpharchitektur von Jacopo Sansovinos **Loggetta di San Marco** ⑤ (1537–49) zu seinen Füßen. Die Wiederherstellung der schönen ›Wandel-

Caffè Florian an der Piazza San Marco: eine lebende Legende, ein historischer Ort für meditative Untätigkeit, ein Platz zum Träumen, Sehen und Gesehenwerden

Von den teuersten Caffè-Sesseln Venedigs die Fassade der Basilica S. Marco betrachten und den Touristenstrom vorbeiziehen lassen – gibt es Genüßlicheres?

halle der Patrizier‹ erfolgte unter Verwendung der Originalteile, selbst die ›Venezia‹ im Relief der Attikazone sitzt wieder auf ihrem Löwenthron.

Weltweit gilt die **Piazza San Marco** ⑥ als eines der schönsten Platzensembles. Sie wird gerahmt von den langgestreckten Arkadenbauten der **Procuratie** ⑦, den nördlichen Procuratie Vecchie (1512 erneuert), den südlichen Procuratie Nuove (1583–1640) und der beide verbindenden **Ala Napoleonica** ⑧, die Napoleon erdachte (1810). Von den Procuratie aus wurden einst die Prachtbauten und andere Immobilien des Staates verwaltet. Sammlungen zur Stadtgeschichte, Arbeiten des Bildhauers Antonio Canova und eine wunderbare Bildergalerie zeigt das **Museo Civico Correr** (s. S. 39; Eingang Ala Napoleonica).

Auf der Piazza ist alles Geschichte, selbst die berühmten **Caffè Florian**, **Caffè Quadri** und **Gran Lavena**, Nachfahren des ersten, 1683 unter den Neuen Prokuratien eröffneten Kaffeehauses.

Basilica San Marco ⑨

Die Mitte Venedigs, gleichzeitig Kirche des historischen Staatskults und Nationalheiligtum ist die Basilica San Marco (tgl. 10–17 Uhr). Seit dem 9. Jh. dreht sich ihre **Baugeschichte** um die Reliquien des hl. Markus. Die erste Markuskirche (829–836) brannte 976 nieder, die zweite (976–1000) riß man aus Eitelkeit ab. Die **dritte Kirche** wurde 1063 nach dem Vorbild von Justinians Apostelkirche in Konstantinopel errichtet. Dieser Bau über kreuzförmigem Grundriß mit seinen fünf Kuppeln, den ›Abbildern des Himmels‹, blieb im Kern bis heute erhalten.

Fassadengestaltung: Ein *Mosaik* aus dem 13. Jh. über der **Porta Sant'Alippio** (links außen) zeigt, wie die Kirche damals aussah: die Kuppeln überhöht, die zweistöckige, mosaikgeschmückte Schauseite noch ganz ohne gotischen Zierat. Später mischten sich die Stile: Die Säulen sind antik, viele Kapitelle byzantinisch, viele Reliefs veneto-byzantinisch. *Romanik* prägt die überreich gearbeiteten Tornischen und die **Porta dei Fiori** an der Nordfassade. Die *Gotik* steuerte Statuen, vergoldete Türmchen und Giebelspitzen bei.

Die zweistöckige **Hauptfassade** gliedern fünf tiefe Portalnischen mit Mosaiken im Tympanon – darüber eine Galerie und fünf mosaikverzierte Blendbögen. Die phantastischen **Bronzepferde** (4.–3. Jh. v. Chr.), in Konstantinopel erbeutet, standen seit dem 13. Jh. über dem **Hauptportal**, ehe sie Napoleon raubte. Im 19. Jh. zurückgebracht, wurden sie inzwischen durch Kopien ersetzt (Originale im Museo Marciano). Andere venezianische *Beutestücke* außerhalb der Basilika: die **Pietra del Bando**, ein

Säulenstumpf aus Porphyr an der Südwestecke, die **Pilastri Acritani** mit herrlichem Reliefschmuck (1256 in Acri erbeutet) und die weltberühmten rätselhaften Porphyrfiguren der **Tetrarchen** im Bereich der Südfassade.

Innenausstattung: Den Kirchenraum betritt man durch das Hauptportal mit byzantinischen Bronzeflügeln und die mosaikgeschmückte **Vorhalle** (1177 kniete hier Kaiser Friedrich Barbarossa vor dem Papst). Im 13. Jh. entstanden die schönen Kuppelmosaiken mit Darstellungen des Alten Testaments.

Das Innere wirkt aufgrund der kuppeltragenden Pfeiler und Säulenarkaden dreischiffig. Der Anblick erscheint höhlenhaft, geheimnisvoll, im Dämmerlicht fast düster. Alle Kuppeln, die dazwischenliegenden Tonnengewölbe und die oberen Wandabschnitte sind mit prächtigen **Goldmosaiken** auf einer Gesamtfläche von 4000 m² bedeckt. Diese überwältigende Bilderwelt entstand seit dem 12. Jh. und wurde bis ins 18. Jh. immer wieder ergänzt und erneuert. Über den Darstellungen von Aposteln, Engeln und den Heiligenlegenden in der Wandzone steigen die **Kuppelmosaiken** in

Markus, der entwendete, verlorene, geheimnisvoll wiedergefundene Evangelist

Die Entführung des Evangelisten

Groß war die Begeisterung der Venezianer, als die Tribunen Rusticus und Bonus 828 die Reliquien von San Marco an Land brachten. Einfallsreich ist die Geschichte, wie sie die Gebeine des **Evangelisten Markus,** *im Reisekorb, mit Schweinefleisch bedeckt, aus dem sarazenischen Alexandria schmuggelten. Mosaiken in der* **Basilica San Marco** *und Gemälde Tintorettos in der Accademia [s. S. 30] erzählen die Geschichte dieser ›Translatio Sancti Marci‹. Um die Reliquien war 829–836 die erste Markuskirche erbaut worden. Sie brannte 976 vollständig ab, und die Gebeine des Staatspatrons gingen verloren. Ihr Verlust wurde nie eingestanden und blieb ohne Einfluß auf die glänzende Ausweitung des* **Markus-Kultes**.

Erst beim dritten Neubau der Markuskirche stellte man fest, daß die heiligen Reliquien nicht mehr auffindbar waren. Doge Vitale Falier (1084–96) und die hohe Geistlichkeit beteten um das Wunder der Wiederfindung. Und siehe da, die Erde bebte, das Mauerwerk eines Kirchenpfeilers öffnete sich und gab die Reliquien frei. Am Fest der **›Inventio Sancti Marci‹** *(Wiederfindung), wie sie auf einem Mosaik in der Basilika dargestellt wird, nahm auch der deutsche Kaiser Heinrich IV. teil. Neuerlich wurden die Reliquien an einem geheimen Ort verborgen. Zweifler am Vorhandensein der Reliquien beschwor Doge Andrea Dandolo um die Mitte des 14. Jh. unter dem Motto »Glaubt einem, der es gesehen hat, denn er weiß, daß es die Wahrheit ist«.*

Im Namen des Evangelisten, unter dem Markusbanner, wurden Luxuswaren, Raubgut und Sklaven importiert, Handels- und Angriffskriege geführt. Während jedoch die **Republik** *immer mächtiger wurde, gingen die Reliquien noch einmal für Jahrhunderte verloren. Erst in napoleonischer Zeit wurden sie in der* **Krypta** *der Basilika wiedergefunden und 1835 unter dem* **Hauptaltar** *der Kirche beigesetzt.*

Blick in das Mittelschiff der Basilica San Marco. Der lückenlose Goldgrund der Mosaiken geht in das Gold der Pala d'Oro hinter dem Hauptaltar über

den himmlischen Bereich auf. Vom Eingang aus folgen Pfingstkuppel, Himmelfahrtskuppel und die Kuppel im Chorbereich mit dem ›Segnenden Christus‹ aufeinander. In der Kuppel des linken Querschiffs ist das Leben Johannes d. Ev., im rechten Querschiff sind vier Heilige dargestellt.

Aus der Überfülle der Ausstattung ragt der **Hauptaltarbereich** heraus: Prachtvoll gearbeitet ist die **Ikonostasis** mit dem figurentragenden Säulenaufbau von Jacobello und Pierpaolo Dalle Massegne (1394–1404). Szenen aus der Markusgeschichte zeigen die **Bronzereliefs** von Jacopo Sansovino an den seitlichen Sängertribünen. Aus alten Teilen wurde im 19. Jh. der **Hochaltar** zusammengesetzt, in dem die hl. Reliquien aufbewahrt werden. Alles überstrahlt jedoch die kostbare **Pala d'Oro**, ein 1,40 × 3,45 m großer Altaraufsatz aus Gold und Silber mit herrlichen Emailbildern und reichem Edelsteinschmuck (10.–14. Jh.). Der dem Palazzo Ducale zugewandte **Tesoro** (Schatzkammer) bewahrt Kostbarkeiten aus Byzanz und 110 Reliquienbehälter einer großen Heiligenschar. Das **Museo Marciano** (Aufgang durch Vorhalle) zeigt neben den echten **Bronzepferden** der Hauptfassade byzantinische Skulpturen und Gobelins.

Das volkstümliche Wahrzeichen der Piazza San Marco ist der Uhrturm **Torre dell'Orologio** ⑩, der nach Entwürfen Mauro Codussis 1496–99 errichtet wurde. Das Renaissance-Ensemble mit Kunstuhr, Madonnenstatue, dem geflügelten Löwen vor einem stilisierten Sternenhimmel und den beiden, den Stundentakt hämmernden bronzenen ›Mori‹ auf dem Dach markiert den Beginn der eleganten Einkaufsstraße Merceria dell'Orologio.

Wasserreise am Canal Grande

Kostbarer wurden Ufer nie bebaut: Venedigs reiche Patrizier schufen sich an der Schleife des einstigen Flußlaufes der Brenta ihre wasserreiche 3,8 km lange ›via triumphalis‹. Sie bauten Palazzi, die sie ›Casa‹ oder ›Ca'‹ nannten, mit Warenlagern im Erdgeschoß und Repräsentationsräumen im *piano nobile*. Vom Piazzale Roma (Parkplatz) bis zur Basilica S. Maria della Salute fährt man mit den Linienbooten *(vaporetti)* durch ein

Bilderbuch der venezianischen Baugeschichte. Hier einige Glanzpunkte:

Die Kuppel der kleinen Kirche **San Simeone Piccolo** ⑪ (18. Jh.), die so gerne dem römischen Pantheon ähneln würde, und die **Chiesa degli Scalzi** ⑫ (17. Jh.), Baldassare Longhenas Spätwerk (Fassade von Giuseppe Sardi), leiten zum Ensemble von **San Geremia** ⑬ mit Carlo Corbellinis Kuppelkirche (18. Jh.), dem uralten Campanile (12. Jh.) und dem *Palazzo Labia* an der Mündung des Cannaregio-Kanals über. Tiepolo malte im zweigeschossigen Ballsaal des Palazzo theatralische Szenen aus dem Leben der Kleopatra (Besichtigung nach Voranmeldung). Fremdartig wirkt der **Fondaco dei Turchi** ⑭ (Handelshaus der Türken) im byzantinisch-venezianischen Mischstil (13. Jh.) am rechten Ufer. Ehemals im Besitz der Herzöge von Ferrara, wurde der Palast 1621 vom Staat an türkische Kaufleute vermietet. Diplomatie und Raffinesse waren im Spiel: Man wollte die feindlichen Händler im Auge behalten. 1880 rekonstruiert und um die Fassadentürme ergänzt, ist der Fondaco heute Sitz des *Museo di Storia Naturale*, dessen Sammlungen gerade neu geordnet werden. Frei steht gegenüber der **Palazzo Vendramin-Calergi** ⑮, ein schönes Beispiel venezianischer Frührenaissance, das Mauro Codussi 1481 begann und Tullio Lombardo 1509 vollendete. Richard Wagner starb in diesem Palast am 13. Februar 1883.

Am jenseitigen Ufer lasse man die Augen an den barocken Fassaden des Palazzo Belloni-Battagia (17. Jh.) und an der preisgekrönten Fassade der barocken Chiesa **San Stae** ⑯ entlanggleiten. Nur mehr sehr geringe Freskenreste erinnern am linksufrigen **Palazzo Barbarigo** ⑰ an die Fassadenmalereien, die Venedigs Palazzi im 16. Jh. so unvergleichlich machten. Der Feuchtigkeit sind auch die Fresken des benachbarten *Palazzo Gussoni-Grimani della Vida* zum Opfer gefallen, den einst Tintoretto bemalte. Fast zu gewaltig steht der von Baldassare Longhena konzipierte und von Antonio Gaspari 1710 fertiggestellte **Palazzo Pesaro** ⑱, heute *Galleria d'Arte Moderna,* am gegenüberliegenden Ufer. Die lebendig gegliederte Fassade mit den Doppelsäulen über einem Sockelgeschoß aus Diamantquadern findet sich, nur wenig abgewandelt, im nebenstehenden **Palazzo Corner della Regina** ⑲ wieder. In ihrem Vorgängerbau wurde tatsächlich eine spätere Königin geboren: 1468 heiratete Caterina Cornaro 15jährig (per procura) den zypriotischen König. Vene-

Dogenmacht, gepaart mit Reichtum, Geschmack und Kunstverstand, ließ vor mehr als einem Halbjahrtausend die Ca' d'Oro, den schönsten Palast venezianischer Gotik entstehen (rechts)

Unzählige venezianische Romanzen hat er schon erlebt – der Ponte di Rialto zieht mit seinem Flair und seinen eleganten Geschäften noch heute Liebhaber zu Tausenden an

dig entließ die erklärte ›Tochter der Republik‹ listig, mit einem Notariatsakt als Morgengabe, der den König verpflichtete, falls er ohne Erben bliebe, Caterina das Königreich zu schenken. Der König starb sehr plötzlich, Caterina erbte und wurde veranlaßt, zugunsten der Serenissima abzudanken.

Welch ein Unterschied zum kraftstrotzenden Palazzo Pesaro ist die **Ca'd'Oro** ⑳ gegenüber. Das ›Goldene Haus‹ präsentiert sich als Venedigs zierlichster, zugleich architektonisch reichster spätgotischer Palast mit ehemals vergoldeter Fassade. In einem ›Spitzenmuster aus Stein‹ mit verschwenderischem *Maßwerk*, mit graziösen Spitzbogen und Rosettenfeldern ließ sich *Marino Contarini* 1420–40 von Giovanni und Bartolomeo Bon seinen Palast bauen. Heute ist hier die **Galleria Giorgio Franchetti** untergebracht. Die ursprüngliche Privatsammlung (flämische Wandteppiche, Skulpturen, edle Gemälde und die Reste der abgenommenen Fresken Tizians und Giorgiones vom Fondaco dei Tedeschi) besitzt *Glanzstücke*, wie Tizians berühmte ›Venus mit dem Spiegel‹ und Andrea Mantegnas ›Hl. Sebastian‹.

Um Fische und Meeresfrüchte dreht sich alles im neogotischen Bau der **Pescheria** ㉑ (Fischmarkt) gegenüber. Der Markt für Obst und Gemüse befindet sich in der *Erberia*. Am linken Ufer fallen die schlanken Säulen der **Ca'Da Mosto** ㉒ (13. Jh.) ins Auge. Alvise Da Mosto lebte hier, ehe er auszog, in portugiesischen Diensten Heinrich des Seefahrers den Senegal und die Kapverden zu entdecken. Damals stand auch schon der **Fondaco dei Tedeschi** ㉓, der deutsche Handelshof. Als er 1505 abbrannte, schmückten Giorgione und der junge Tizian den Neubau – heute Hauptpostamt – mit Außenfresken.

Elegant wölbt sich der **Ponte di Rialto** ㉔ über den Kanal. Die erste Holzbrücke war schon 1252 entstanden. 1588–91 erbaute Antonio da Ponte die heute noch bestehende Brücke mit dem graziös geschwungenen Marmorbogen und den beiden Ladenzeilen. Ihrem gewaltigen Schub dient der **Palazzo dei Camerlenghi**, ein Frührenaissancebau, als Gegengewicht.

Hinter Jacopo Sansovinos Fassade ist im **Palazzo Dolfin Manin** ㉕ die Banca d'Italia eingezogen. In den nun folgenden **Palazzi Loredan-Corner** und **Farsetti-Dandolo** ㉖ ist das Rathaus untergebracht. Beide Bauten gehen auf das 13. Jh. zurück, wurden jedoch später mehrfach verändert. Michele Sanmicheli entwarf 1484 den kraftvollen und schweren **Palazzo Grimani** ㉗. Leichter und heiterer wirken dagegen die Renaissancefassade des **Palazzo Corner-Spinelli** ㉘ von Mauro Codussi und der elegante **Palazzo Contarini delle Figure** ㉙, der beinah mit den **Palazzi Mocenigo** verbunden ist. Als Gast der Mocenigos schrieb hier George Byron 1818 seinen ›Don Juan‹.

An der **Volta del Canal** (Kanalbiegung), wo sich die Ziellinie für die ›regata storica‹ befindet, steht neben dem Palazzo Balbi die wunderschöne spätgotische **Ca'Foscari** ㉚ (15. Jh.), heute Sitz der Universität. Der Doge Francesco Foscari hatte sich einen Palast gewünscht, der alle anderen überragen sollte.

Der strenge, klassizistische, nur durch venezianische Rundbögen aufgelockerte **Palazzo Grassi** ㉛ (18. Jh.), heute für große Kunstausstellungen genutzt, war der letzte große Palastbau am Canal Grande. Architekt Giorgio Massari bewahrte ein würdevolles Maß. Das hielt ihn jedoch nicht davon ab, die **Ca'Rezzonico** ㉜ gegenüber nach langem Baustillstand im Barockstil – nach dem Entwurf Baldassare Longhenas – zu vollenden. Die Rezzonicos, durch Geld und einen Papst in der Familie geadelt, machten den Palast in der 2. Hälfte des 18. Jh. zum kulturellen Mittelpunkt der Stadt. Die prunkvollen Festsäle (Deckengemälde von Tiepolo) beherbergen das **Museo del Settecento Veneziano**. In dieser Gemäldegalerie des 18. Jh. hängen Veduten von Francesco Guardi und Canaletto, Gemälde von Giambattista Tiepolo und Pietro Longhi.

Napoleon bestimmte die Profanierung des uralten Klosterensembles **S. Maria della Carità** ㉝, seit 1817 Sitz der **Gallerie dell'Accademia**. In den 24, um Innenhöfe gruppierten Sälen ist die kostbarste Sammlung Venedigs zu sehen. Sie beginnt mit Werken von Paolo und Lo-

Atemberaubender Flug – Tintoretto inszenierte 1548 mit dem ›Wunder des hl. Markus‹ (Accademia) die dramatische Errettung eines zur Folter verurteilten Sklaven durch den Evangelisten

Auf vielen Venedig-Veduten bildet die grandiose Votivkirche Santa Maria della Salute einen herausragenden Blickpunkt. Im Hintergrund die Insel Giudecca mit ›Il Redentore‹

renzo Veneziano im 14. Jh. und setzt in kleineren, intimeren Sälen Bilder von Giovanni Bellini (Pala aus der Kirche San Giobbe), Andrea Mantegna (›Hl. Georg‹), Giorgione (›Das Gewitter‹), Cosmè Tura (›Madonna‹), Lorenzo Lotto (›Bildnis eines Edelmannes‹) und Tizian (›Johannes d. T.‹) ins richtige Licht.

Große Säle bekamen Paolo Veroneses meisterhaftes ›Gastmahl im Hause des Levi‹ (1573), Tizians im Todesjahr gemalte ›Pietà‹ (1576), Tintorettos ›Entführung des hl. Markus aus Alexandria‹ (1566) und die großformatigen Bilder von Bernardo Strozzi und Giambattista Tiepolo (17. und 18. Jh.). Weitere Bildwerke des 16.–18. Jh. und Arbeiten aus der Scuola San Giovanni Evangelista und der Scuola di S. Orsola (Bilderzyklus ›Legende der hl. Ursula‹) befinden sich in den Gängen des Konventtraktes und in kleineren Sälen.

Der Palazzo Contarini dal Zaffo leitet zum **Palazzo Venier dei Leoni** ㉞ über. Peggy Guggenheim, die millionenschwere exzentrische Erbin und Sammlerin avantgardistischer Kunst lebte hier 1949–79. Großartig sind die Bestände der **Collezione Guggenheim**: Gemälde, Skulpturen, Objekte der klassischen Moderne von Künstlern wie Picasso, Chagall, Matisse, Klee, Kandinsky, Moore und Giacometti. Das ›Große Haus‹, **Ca'Grande** (oder Palazzo Corner) ㉟, gegenüber, das Jacopo Sansovino 1537 im Stil der venezianischen Hochrenaissance errichtete, ist heute Sitz der Stadtpräfektur. Mit dem ungemein schmalen spätgotischen **Palazzo Contarini-Fasan** ㊱, dem legendären ›Haus der Desdemona‹, geht die Palastreihe am linken Ufer zu Ende.

Rechts beschließt die **Ca' Dario** ㊲ (1486/87) den Reigen der Schönen. Farbiger Marmor und Porphyr sind die Materialien der mit Inkrustationen verzierten *Renaissancefassade*. Der Canal wird nun breiter und öffnet sich. Seinen grandiosen Abschluß bilden Baldassare Longhenas in überschwenglichem venezianischen Barock erbaute Kuppelkirche S. Maria della Salute und das Zollamt Dogana da Mar.

S. Maria della Salute ㊳ (tgl. 9–12 und 15–17 Uhr) wurde 1631–87 erbaut, um ein Gelöbnis des Pestjahres 1630 zu erfüllen. Über 1 Mio. Holzstämme wurde für die weiße Marmorkirche über oktogonalem Grundriß mit den beiden

TOP TIP

Modell des einst so prunkvollen Staatsschiffs Bucintoro im Museo Storico Navale

gewaltigen Kuppeln in den Boden gerammt. Baldassare Longhena hat ihre Fertigstellung und die Vollendung der dem Canal zugewandten Triumphbogenfassade nicht mehr erlebt. Der eher kühle **Zentralraum**, von kreisförmig angeordneten Kompositsäulen optisch eingegrenzt, ist ganz auf die Theatralik des **Hochaltars** ausgerichtet. Im Mittelpunkt steht das Gnadenbild, eine byzantinische *Marienikone*. Juste le Courts Skulpturengruppe ›Venezia bittet Maria um Befreiung von der Pest‹ bildet den krönenden Abschluß. Eine Fülle von qualitätvollen Gemälden findet man in der *Sakristei* und im *Seminario Patriarcale*, darunter Deckenbilder von Tizian und Tintorettos ›Hochzeit von Kanaa‹.

Wie der Bug einer Galeere schiebt sich die Punta della Dogana mit der **Dogana da Mar** (39), dem ehem. Zollamt, an den Ausgang des Canal Grande. Effektvoll ist die von Atlanten getragene vergoldete Weltkugel mit der windanzeigenden leichtfüßigen Fortuna.

Von S. Maria Salute aus läßt sich die Wasserreise bis zum **Arsenale** (40) ausdehnen. Die 1104 in Betrieb genommene, einst größte *Werft* der Welt findet ihre Entsprechung in den reichhaltigen Sammlungen des **Museo Storico Navale**. Schiffsoriginale und Modelle, darunter das vergoldete Staatsschiff Bucintoro, sind eine Augenweide.

Königinnen der Lagune

Das Baudatum der ersten Gondeln ist nicht gesichert. Zwar berichtet Flavius Cassiodorus im 6. Jh. höchst verwundert, daß die Seeveneter statt eines Pferdes ein Boot an die Haustüre binden, doch hatten diese Boote mit den

›**Königinnen der Lagune**‹ *noch wenig Ähnlichkeit. Wahrscheinlich haben sich die Gondeln aus den* ›**sandoli**‹, *flacheren und einfacheren Booten, entwickelt. Noch auf Carpaccios Gemälde ›Wunder der Kreuzreliquie‹ (1494, Gallerie dell' Accademia) zeigen die Gondeln erste Ansätze der klassischen Form. Die Konstruktion der heutigen Gondeln, die sich seit etwa 200 Jahren kaum verändert hat, steckt voller Besonderheiten: Gondeln werden aus bis zu acht verschiedenen Hölzern gebaut, sie sind knapp über 10 m lang und 1,40 m breit, wegen der geringen Wassertiefe* **kiellos**, *und ihr linker Teil ist 24 cm breiter als der rechte. Diese* **Asymmetrie** *ist nötig, um das Gewicht des seitlich am Heck stehenden* **Gondoliere** *auszugleichen.*

Wichtige Ausstattungsstücke sind die ›forcola‹, die auf die Größe und Bewegungsart des Gondoliere abgestimmte, geschnitzte **Rudergabel**, *die mit ihren Einkerbungen bis zu acht Ruderstellungen zuläßt, und die ›remi‹ genannten* **Ruder**, *früher wie heute vorzugsweise aus Buchenholz von der istrischen Küste gefertigt. Der ›ferro‹, das* **Bugeisen**, *dessen sechs Zacken unter dem stilisierten Dogenhut die Sestieri Venedigs und die siebente, entgegengesetzte, die Insel Giudecca symbolisieren, ist nicht Schmuck allein, sondern dient der Stabilität und der* **Manövrierfähigkeit**. *Opulenter Gondelschmuck, einst pompös und kapriziös mit vergoldetem Schnitzwerk, wurde 1562 verboten. Nun ist die Gondelfarbe nobles, mattes Schwarz, bar aller Extravaganzen.*

Spaziergänge durch die Sestieri

Hinter der spröden Bezeichnung ›Sestieri‹ verbergen sich Venedigs *Stadtsechstel* San Marco, Castello, San Polo, Cannaregio, Santa Croce und Dorsoduro. Jeder Stadtteil läßt kleinere Rundgänge zu.

San Marco

Ausgangspunkt für den Sestiere San Marco in der Kanalschleife kann die Piazza San Marco sein. Wenige Schritte hinter der Ala Napoleonica folgt man der Salizada San Moisè zum *Campo San Moisè*. Theatralisch barock, dem spanischen Plateresken-Stil verwandt, ist die von Alessandro Tremignon 1668 errichtete Chiesa **San Moisè** ㊶. Der Österreicher Heinrich Meyring kreierte den plastischen Schmuck der Fassade, die szenische Inszenierung im Altarraum ›Moses empfängt die Gesetzestafeln‹ und den kulissenhaft nachgebauten Berg Sinai. Von der Calle Larga XXII Marzo mit ihren feinen Läden führt etwa in der Mitte die Calle Veste zum stimmungsvollen *Campo San Fantin*. Ein Kleinod mit einem vergoldeten Zuschauerraum, mit viel Marmor, Spiegeln und Stuck war das **Gran Teatro La Fenice** ㊷. 1996 ging das Ende des 18. Jh. erstmals errichtete Gebäude in einer Brandnacht zugrunde. Hoffnung besteht jedoch, daß das Haus wie schon im 19. Jh. einmal – dem Phönix gleich – aus der Asche neu entsteht. Vom Brand unberührt blieben die kleine Renaissancekirche **San Fantin** ㊸ (16. Jh.), die Jacopo Sansovino ausstattete, und die elegante Fassade der ehem. **Scuola di San Girolamo** mit ihren krönenden Giebelfiguren.

Südwestlich von hier liegt der *Campo San Maurizio*. Sehr alte, sehr würdige Paläste umstehen die Chiesa **San Maurizio** ㊹, einen verkleinerten Nachbau von Sansovinos zerstörter Kirche San Geminiano (Piazza San Marco). Den Rio San Stefano querend, öffnet sich die Calle Spezier dem erstaunlich weiten *Campo San Stefano*, der sich im *Campo San Vidal* fortsetzt. Die gotische Säulenbasilika **San Stefano** ㊺ (14./15. Jh.) beeindruckt durch ein gewaltiges Holzgewölbe im Innern. Ihre Kostbarkeiten, Gemälde von Tintoretto, bewahrt sie in der Sakristei.

Reizvoll wirkt das Ensemble um den Palazzo Loredan und die Chiesa **San Vidal** ㊻, für die Vittore Carpaccio 1514 das Hochaltarbild des hl. Vitalis malte.

Die Fassade von San Moisè – eine allzu üppige barocke Inszenierung

Über den nordöstlich anschließenden *Campo S. Angelo*, den gotische Fassaden eindrucksvoll säumen, folgt man der Calle di Spezier und Calle della Mandola zum gotischen **Palazzo Pesaro degli Orfei** ㊼ (od. Palazzo Fortuny) am Campo San Benedetto. Der Palast gehörte dem Designer Mariano Fortuny y Madrazo, dem Erfinder jener hauchzarten plissierten *Seidenroben*, die von ihren Besitzerinnen wie Schätze gehütet werden. Die Räume sind z. Zt. wegen Renovierung geschlossen. Der Weg führt vorbei am Teatro Rossini und über den Rio di San Luca zur Chiesa **San Luca** ㊽. Die Kirche wird vorwiegend wegen ihres *Hochaltarbildes* von Paolo Veronese (1581) besucht. Über den Campo Manin und durch die Calle della Vidal geht es zum gotischen **Palazzo Contarini del Bovolo** ㊾ mit seinem hinreißend schönen, mit Marmor eingelegten *Wendeltreppenturm* aus der Wende zum 16. Jh.

Castello

Das Herz des Sestiere Castello ist der **Campo S. Maria Formosa**. Den traditionsreichen Platz säumen bemerkenswerte Paläste und Mauro Codussis Chiesa **S. Maria Formosa** ㊿ (tgl. 8.30–12.30 und 17–19 Uhr). Die heu-

Der kriegerische Condottiere Colleoni überließ nichts dem Zufall – seinen Nachruhm sicherte er durch dieses Reiterstandbild

tige Kirche wurde 1493–1500 erbaut, im 17. Jh. kamen die dekorative Schauseite und der phantasievolle barocke Campanile hinzu. Zwei wertvolle Kunstwerke schmücken den **Innenraum**: der Flügelaltar der ›Schutzmantelmadonna‹ (1473) von Bartolomeo Vivarini und Palma il Vecchios ›Barbara-Altar‹ (1505).

Über die Calli S. Maria Formosa, Trevisana und Bressane gelangt man zum Campo SS. Giovanni e Paolo. Andrea Verrocchio schuf das Modell für den **Monumento Colleoni** ⑤① (1481–88), und Alessandro Leopardi goß diese Reiterstatue in Bronze. Bartolomeo Colleoni, der steinreiche Condottiere aus Bergamo, wollte sein Reiterstandbild auf der Piazza San Marco aufstellen lassen und setzte im Gegenzug Venedig als Erbin ein. Der Staat nahm das Geld zwar an, plazierte das Monument jedoch vor der **Scuola Grande di San Marco** ⑤②. Tatsächlich bietet Pietro Lombardos schöne Frührenaissance-Fassade, der Mauro Codussi figurengekrönte Bogen aufsetzte, einen mehr als würdigen Rahmen für das Standbild.

Den Platz dominiert die gotische Hallenkirche **SS. Giovanni e Paolo** ⑤③ (tgl. 7.30–12.30 und 15.30–19 Uhr), von Venezianern zärtlich ›Zanipolo‹ genannt. Die *Fassade* der im 13. Jh. als Dogen-Grablege gestifteten, im 14./15. Jh. erbauten Dominikanerkirche mit dem Bartolomeo Bon zugeschriebenen Mittelportal blieb unvollendet.

Im überraschend weitläufigen **Innenraum** berühren sich Geschichte und Kunst. Mehrere Grabmäler im Pantheon der Dogen sind beeindruckende Arbeiten von Pietro und Tullio Lombardo.

Dicht liegen die Dogengräber – rechts das Grabmal für Tommaso Mocenigo – in der Bettelordenskirche der Dominikaner SS. Giovanni e Paolo nebeneinander

Die reiche Bruderschaft der Goldschmiede und Seidenhändler ließ die Scuola Grande di San Marco von Pietro Lombardo im Stil der venezianischen Renaissance entwerfen

Herausragend sind die Renaissancegräber der Dogen *Andrea Vendramin* im Presbyterium (Tullio Lombardo, 1492) und *Pietro Mocenigo* (Pietro Lombardo, 1481) beim Eingang. Weitere Kostbarkeiten der überreichen Ausstattung: der Vinzenz-Ferrer-Altar (Seitenaltar links, evtl. von Giovanni Bellini), das ›St. Antonius‹-Gemälde von Lorenzo Lotto im rechten Querhaus, Paolo Veroneses Deckengemälde in der Cappella del Rosario und der barocke Hochaltar von Baldassare Longhena.

Cannaregio

Von Zanipolo führt die Calle Giacinto Gallina über drei Brücken zum Campo dei Miracoli im Sestiere Cannaregio. Die kleine Kirche **S. Maria dei Miracoli** (54) (tgl. 10–12 und 15–18 Uhr) ist das Hauptwerk des Pietro Lombardo (1481–89) und zugleich der *erste Renaissancebau* in Venedig. Mit geometrischen Marmorinkrustationen wurde die Fassade verziert, marmorverkleidet ist auch der saalartige **Innenraum**, der von einer hölzernen Kassettendecke mit Bildern von Propheten und Patriarchen überwölbt wird. Als Blickfang wirkt das als wundertätig verehrte Gnadenbild hoch oben auf dem Altar.

Man wendet sich nun der Brücke über den Rio dei Miracoli zu, kommt zum *Campo di S. Maria Nuova*, folgt der Salizada San Canciano, überquert den Rio di San Giovanni Crisostomo, trifft auf die gut ausgestattete, von Mauro Codussi 1494 entworfene Chiesa **San Giovanni Crisostomo** und erreicht in Kürze den Ponte di Rialto.

San Polo

Das Herz von San Polo, jenseits des Canal Grande, erreicht man über die Schiffsanlegestelle San Tomà. Der Weg führt geradeaus zum kleinen *Campo San Tomà* mit Pfarrkirche und Scuola dei Calegheri (Schuhmacher) und weiter über die Calle Larga Prima zum Campo dei Frari mit der gotischen Basilica **S. Maria Gloriosa dei Frari** (55) (tgl. 9–12 und 14.30–18 Uhr, feiertags 15.30–18 Uhr). Rivalität zwischen Dominikanern (Dogengrablege Zanipolo) und Franziskanern war eine der Triebfedern für die bewegte **Baugeschichte** von ›I Frari‹ (13.–15. Jh.). Venezianische Spätgotik prägt den eindrucksvollen Ziegelbau mit dem zweithöchsten *Campanile* der Stadt.

Innen war die Kirche groß, aber schlicht gedacht, doch es blieb nicht da-

Von der Piazzetta, wo jeder Ausblick ein ▷ Erlebnis ist, wirkt San Giorgio Maggiore – Andrea Palladios Meisterwerk auf der gleichnamigen Insel – am schönsten

bei. Das Mittelschiff scheint ganz auf die marmornen *Chorschranken*, deren Reliefarbeiten Bartolomeo Bon begann und Pietro Lombardo 1475 beendete, zugeschnitten. Farbgewaltig, alles überstrahlend – auch das reichgeschnitzte *Chorgestühl* mit Intarsien von 1468 – erscheint im Bogen der Chorschranken **Tizians** berühmte ›Assunta‹ (1516–18).

An den Seitenwänden des *Presbyteriums* sieht man Grabmäler für die Dogen Nicolò Tron (1479) und Francesco Foscari (um 1457), Meisterwerke der Hoch- bzw. Frührenaissance. Vorüber an der *Cappella Fiorentini* (1. Chorkapelle rechts) mit einer von Donatello 1436 gearbeiteten Holzstatue ›Johannes d. T.‹ gelangt man zum Polyptychon des Bartolomeo Vivarini (1482) und zum Sakristeidurchgang, den ein überaus prunkvolles Ehrenmonument für Benedetto Pesaro rahmt. Im Chor der *Sakristei* entzückt Giovanni Bellinis prächtig gerahmtes Triptychon ›Thronende Madonna mit Heiligen‹ (1488). In der vorletzten *Chorkapelle* links sieht man die Grabplatte für den Komponisten Claudio Monteverdi (1567–1643). Die Grablegen der Familie **Pesaro** befinden sich im *linken Kirchenschiff*: Das Grabmal des Bischofs Jacopo Pesaro, Tizians ›Madonna di Ca' Pesaro‹ und das von Baldassare Longhena um 1660 gestaltete barocke Mausoleum des Dogen Giovanni Pesaro sieht man am Seitenportal. Erwähnenswert, nicht unbedingt wegen ihrer Schönheit, sind die weiße **Grabpyramide**, die das Herz des Bildhauers **Antonio Canova** (1757–1822) enthält, und gegenüber im rechten Seitenschiff das von Canova und seinen Schülern gearbeitete **Grabmal Tizians** (1838–52).

Ein Renaissance-Ensemble stellt der Campo San Rocco mit der Chiesa San Rocco und der **Scuola Grande di San Rocco** ⑯ (1560) dar. Weltberühmt wurde sie durch die Gemälde **Jacopo Tintorettos**. Der aus acht monumentalen Kompositionen bestehende *Marienzyklus* im Erdgeschoß der Scuola, ganz auf Lichtwirkung und virtuose Komposition bedacht, entstand 1581–88. Faszinierend ist auch die große Sala im Obergeschoß, die Tintoretto vollständig ausmalte: Eindrucksvoll komponierte Szenen aus dem *Alten Testament* gruppieren sich um ›Moses und die eherne Schlange‹ und ›Moses, der Wasser aus dem Stein schlägt‹. An den Wänden sind die Episoden und Wunder aus dem *Leben Jesu* dargestellt. Das Bildprogramm basiert auf durchdachten Bezugspunkten zwischen Altem und Neuem Testament und verweist auf die karitativen Bestrebungen der Bruderschaft. Das Deckenbild ›Der hl. Rochus in der Glorie‹ in der Sala d'Albergo brachte Tintoretto einst heimlich an. Er gewann damit zwar die Ausschreibung, erntete aber auch Tizians lebenslangen Groll.

Südliche Lagune

Venedigs südlichstes, kontrastreiches Sechstel **Dorsoduro**, voll von sozialer Tristesse, greift auf die langgezogene Insel Giudecca jenseits des Canale della Giudecca über. Am besten fährt man mit dem Vaporetto von San Zaccaria zuerst nach **San Giorgio Maggiore** ⑰. Ohne die kleine, vor 1000 Jahren von Bene-

diktinern besiedelte Klosterinsel wäre der Ausblick von der Piazzetta San Marco nur halb so schön.

Andrea Palladio entwarf die **Basilica San Giorgio Maggiore** (tgl. 10–12.30 und 14.30–17 Uhr). Er starb, ehe sie vollendet war (1580), und hat die weiße *Fassade* mit dem von einer Christusstatue gekrönten Dreiecksgiebel (1610) nie gesehen. Der dreischiffige **Innenraum**, hell und klar gegliedert, bildet einen eher zurückhaltenden Rahmen für einige wertvolle Gemälde, aus denen *Tintorettos* Spätwerke ›Letztes Abendmahl‹ und ›Mannalese‹ (1594) herausragen. Der Campanile (Aufzug, herrliche Rundsicht, tgl. 10–12.30 und 14–17 Uhr) wurde nach seinem Einsturz 1791 wiederaufgebaut. Kloster und Insel befinden sich heute im Besitz der Fondazione Giorgio Cini.

Der Canale San Giorgio trennt San Giorgio Maggiore von der Insel **Giudecca** ㊽, auf der die Palladiokirche **Il Redentore** (7–12 und 16–19 Uhr) steht. Palladio begann mit dem Bau dieser ersten von zwei venezianischen Pestkirchen im Jahr 1577. Die tempelartige Fassade am Wasser leitet in einen harmonischen, hellen **Innenraum** über, dessen Blickfang ein wirkungsvoller Hochaltar mit der Kreuzigungsgruppe von Gerolamo Campagna ist.

Von der Riva degli Schiavoni fährt man zum **Lido** ㊾. Der Lido, grandios beschrieben von Thomas Mann, ist Venedigs *Strand*. Er bietet exklusive Hotels, Zuckerbäckerarchitektur, Villen, Badehäuschen von anno dazumal und die *Filmfestspiele* Ende August.

Einfacher und ruhiger ist die Fischerinsel **Pellestrina** ㊿, wo die gewaltigen ›murazzi‹ die Lagune gegen das Meer abschirmen.

Nördliche Lagune

Von der Fondamenta Nuove fährt man mit dem Linienboot nach **San Michele** (61). Der erste Eindruck: rote Backsteinmauern, dunkelgrüne Zypressen und Mauro Codussis pittoreske Renaissancekirche **San Michele** aus hellem istrischen Sandstein. Erst im 19. Jh. wurde die einstige Klosterinsel zum *Friedhof* – nur für gebürtige Venezianer.

Maskenball und Mummenschanz

Die Wurzeln des venezianischen Karnevals reichen bis ins Mittelalter zurück. Die ersten **Masken** *tauchten 1295 in Venedig auf, und die Venezianer machten ein halbes Jahrtausend davon Gebrauch. Sie liebten Verkleidungen, das Außergewöhnliche, das Spiel, das Freisein von staatlichen Zwängen und*

gesellschaftlichen Schranken. Immer länger dehnten sie ›il carnevale‹ aus, der offiziell am **2. Weihnachtsfeiertag** *begann. Immer eleganter wurden die Kostüme, immer ausgefallener die Ideen. Die prächtigen* **Bälle** *mißachteten die Luxusgesetze. Staatliche Würdenträger verschwiegen sogar einmal wochenlang den Tod des Dogen Paolo Renier, um den Karneval nicht zu beeinträchtigen. Mit dem Einzug* **Napoleons** *gingen die Republik und ihre Maskengesellschaft unter. Erst 1979/80 wurde der venezianische Karneval von Tourismusstrategen und Künstlern reanimiert. Elf Tage dauert nun das Fest, die schönen Masken sind zum Leben erweckte Bilder aus Museen und Figuren der* **Commedia dell'Arte**.

Elf Tage ziehen Colombina und Pulcinella, Pantalone und Dottore im Verein mit skurril-modernen Masken durch die Stadt, doch zwischen Arlecchino in seinem Rombengewand und Brighella schreitet noch immer der schwarz gewandete **Tod** *in der faltenlosen weißen Maske. Der venezianische Karneval ist jedoch nicht mehr ein Fest der Venezianer, sondern der Touristen, die schon am Bahnhof von Polizisten in Empfang genommen und zur Piazza San Marco geleitet werden, schiebend, drängend und fotografierend, bis sich das Spektakel am letzten Tag in einem farbenprächtigen* **Feuerwerk** *auflöst.*

Der Platz ist knapp, die Grabstätten sind übereinandergetürmt, und doch gibt es Ausnahmen: Der russische Komponist **Igor Strawinsky** und der amerikanische Dichter **Ezra Pound** fanden als Nicht-Venezianer hier ein Grab.

Jahrhundertelang, seit Venedig 1291 die Glashütten per Dekret zwang, nach **Murano** ⑥② überzusiedeln, lag etwas Geheimnisvolles über dem Fünf-Insel-Archipel. Den **Glasmachern**, viele im 13. Jh. aus Byzanz verschleppt, waren Auswanderung und die Preisgabe der Herstellungsgeheimnisse bei Todesstrafe verboten. *Kristall* aus Murano war lange Zeit das kostbarste der Welt. Mittlerweile sind die Geheimnisse um Millefiori-Achat- und Lattimo-Glas längst gelüftet. Die zahlreichen Glasläden auf der *Fondamenta dei Vetrai* führen ein reichhaltiges, stark kommerzialisiertes Angebot. Die wirklichen Kostbarkeiten aus der großen Vergangenheit zeigt das **Museo Vetrario** (tgl. 10–16 Uhr) im Palazzo Giustinian.

Auf Murano bilden Kanäle, Brücken, Gärten, Landhäuser und Palazzi eine Art ›Klein-Venedig‹ mit historischen Bezugspunkten: Einiges vom Charme byzantinischen Bauens zeigt die **Basilica SS. Maria e Donato** (12. Jh.) mit großartigen Säulenarkaturen. Sie ist eine der ältesten Lagunenkirchen. Das Votivbild des Dogen Agostino Barbarigo (1488) in der Klosterkirche **San Pietro Martire** malte Giovanni Bellini.

Von der Anlegestelle Colonna fahren die Boote nach Burano und Torcello. Das Fischerdorf **Burano** ⑥③ ist malerisch, die Häuser sind bunt, manche krumm und windschief, viele liebenswert. Die Spitze klöppelnden Fischerfrauen von Burano machten die venezianische *Feston-Stickerei* und die *Reticella-Spitze* weltberühmt. In der **Scuola del Merletto** (Piazza Galuppi, tgl. außer Mo 9–18 Uhr) werden solche hauchzarten Kostbarkeiten gezeigt.

Ganz im Osten der Lagune liegt **Torcello** ⑥④. Die Insel blühte lange vor Venedig, bereits 639 wurde sie Bischofssitz. Heute wirkt sie verlassen. Besucher teilen ihr Interesse zwischen dem extrem geneigten *Campanile* von San Martino und der Kathedrale **S. Maria Assunta**. Sie wurde 639 gegründet, 1008 in die heutige Form gebracht, und im 12./13. Jh. mit bedeutenden Mosaiken geschmückt.

Praktische Hinweise

Information: APT, Calle del Rimedio 4421, Castello. Tel. 04 15 29 87 11, Fax 04 15 23 03 99. Außenstellen Palazzetto Selva, San Marco, Tel. 04 15 22 63 56 und Stazione S. Lucia (Bahnhof), Tel. 04 15 29 87 27.

Bahnhof: Santa Lucia, Auskunft Tel. 04 11 47 88 80 88

Flughafen: Marco Polo-Tessera, am Nordrand der Lagune, Tel. 04 12 60 92 60. Busse bis Piazzale Roma, Boote bis San Marco.

Parkplätze und Garagen: Isola del Tronchetto, San Giuliano und Fusina (beide nur in der Hauptsaison), Piazzale Roma

Stadtverkehr:
Vaporetti (Linienboote), 17 Linien verkehren rund um die Uhr. Die Schnellinie heißt ›Diretto‹.
Taxi Acquei, Motoscafi, Wassertaxis (Festtarife, Standplätze bei Großparkplätzen, am Bahnhof, Flughafen, Ponte di Rialto und Molo San Marco).
Gondeln (mehrere Standplätze am Canal Grande, Festtarife sind angeschlagen).

Kunstwerke aus Glas entstehen auch heute noch in den Werkstätten Muranos

Traghetti, Gondelfähren (zum Übersetzen über den Canal Grande an wichtigen Übergängen).

Museen

Galleria d'Arte Moderna, Palazzo Pesaro, Santa Croce, Tel. 0 41 72 11 27 (derzeit geschlossen).

Gallerie dell'Accademia, Campo della Carità, Dorsoduro, Tel. 0 41 52 22 47 (Mo–Sa 9–19, So 9–14 Uhr).

Collezione Peggy Guggenheim, San Gregorio 701, Tel. 04 15 20 62 88 (tgl. außer Di 11–18 Uhr).

Museo Civico Correr, Piazza San Marco 25, Tel. 04 15 22 56 25 (tgl. außer Di 9–19 Uhr).

Museo del Settecento Veneziano, Ca'Rezzonico, Dorsoduro, Tel. 04 12 41 85 06 (Sa–Do 10–16 Uhr).

Museo Storico Navale, Arsenale 2148, Castello, Tel. 04 15 20 02 76 (Mo–Fr 8.45–13.30, Sa 8.45–13 Uhr).

Ca' d'Oro – Galleria Giorgio Franchetti, Calle di Ca' d'Oro, Cannaregio, Tel. 04 15 23 87 90 (tgl. 9–14 Uhr).

Museo Archeologico, Piazza San Marco 52, Tel. 04 15 22 59 78 (Mo–Sa 9–14 Uhr, So 9–13 Uhr).

Biblioteca Marciana, Piazzetta San Marco, Tel. 04 15 20 87 88 (nach Voranmeldung).

Scuola Grande di San Rocco, Campo San Rocco, San Polo, Tel. 04 15 23 48 64 (Mo–Fr 10–13, Sa, So 10–16 Uhr).

Hotels

TOP TIP

*****Cipriani**, Giudecca 10, Tel. 04 15 20 77 44, Fax 04 15 20 39 30. Die nobelste Art, fern vom Trubel mit Park und Yachthafen zu wohnen (Shuttle-Service).

*****Danieli**, Riva degli Schiavoni, Tel. 04 15 22 64 80, Fax 04 15 20 02 08. Palast-Ambiente, herrlicher Ausblick auf San Giorgio Maggiore.

****Monaco & Grand Canal**, Calle Vallaresso 1325, Tel. 0 41 52 02 11, Fax 04 15 20 05 01. Zimmer und Restaurant blicken auf den Canal Grande und die Chiesa S. Maria della Salute.

****Gabrielli Sandwirth**, Riva degli Schiavoni 4110, Tel. 04 15 23 15 80, Fax 04 15 20 94 55. Vornehmes, aus einem alten Palast entstandenes Hotel in Markusplatz-Nähe mit einer hinreißenden Aussicht. Gartenrestaurant.

Zwei Abruzzesen kochen im noblen Restaurant Poste Vecie traditionell venezianisch

****Saturnia & Internationale**, Via XXII Marzo 2398, Tel. 04 15 20 83 77, 04 15 21 07 57, Fax 04 15 20 71 31. Haus mit viel Charme in einem Palazzo aus dem 14. Jh. Restaurant ›La Caravelle‹.

*****Accademia**, Fondamenta Bollani 1058, Dorsoduro, Tel. 04 15 21 01 88, Fax 04 15 23 91 52. Pension mit viel Ruhe und Gartengrün an einem Seitenkanal.

*****Bonvecchiati**, Calle Goldoni 4488, Tel. 04 15 28 50 17, Fax 04 15 28 52 30. Mitten im San Marco-Viertel gelegenes Haus.

*****Flora**, Calle Larga XXII Marzo 2283, San Marco, Tel. 04 15 20 58 44, Fax 04 15 22 82 17. Beliebtes kleines Stadthotel mit einem zauberhaften Garten (nur Frühstück).

****La Residenza**, Campo Bandiera e Moro, Castello, Tel. 04 15 28 53 15, Fax 04 15 23 88 59. Zimmer im piano nobile eines gotischen Palastes. Nähe Arsenal.

****San Zulian**, Campo San Zulian, San Marco, Tel. 04 15 22 58 72, Fax 04 15 23 22 65. Ruhige Zimmer, mitten im Häusergewirr des San-Marco-Viertels. Ohne Restaurant.

****Agli Alboretti**, Dorsoduro 884, Tel. 04 15 23 00 58, Fax 04 15 21 01 58. Klein, freundlich, familiär, gemütlich.

Hotels am Lido

******Des Bains**, Lungomare Marconi 17, Tel. 04 15 26 59 21, Fax 04 15 26 01 13. Elegant, Belle-Epoque-Ambiente, großer Park.

*****Villa Mabapa**, Riviera San Nicolò 16, Tel. 04 15 26 05 90, Fax 04 15 26 94 41. Gartenlage an der Lagune.

Restaurants

Antico Martini, Campo San Fantin 1983, Tel. 04 15 22 41 21. Elegantes, aufwendiges Lokal (Di und Mi mittags geschl.).

Gran Caffè Ristorante Quadri, Piazza San Marco 120, Tel. 04 15 28 92 99. Herrlicher Blick über die Piazza San Marco. Erlesen und teuer.

Osteria da Fiore, Calle del Scatelèr 2202, San Polo, Tel. 0 41 72 13 08. Osteria für Feinschmecker. Gehobene Preisklasse.

Harry's Bar, Calle Vallaressa 1323, San Marco, Tel. 04 15 28 57 77. Globetrotter trinken ›Bellini‹ auf Hemingways Spuren. Sie kommen nicht in erster Linie wegen der Küche.

Trattoria Do Forni, Calle Specchieri 468, Tel. 04 15 23 77 29. Rustikal-elegantes Lokal in einer alten Klosterbäckerei.

Antico Pignolo, Calle Specchieri 451, Tel. 04 15 22 81 23. Groß, hübsch und edel (Di geschl.).

Antica Locanda Montin, Fondamenta di Borgo 1147, Dorsoduro, Tel. 04 15 22 71 51. Historisches Haus mit wunderschönem Garten, preisgünstig (Di abends und Mi geschl.).

Antica Trattoria Poste Vecie, beim Rialto-Fischmarkt, Tel. 0 41 72 18 22. Historisches Lokal (16. Jh.), köstliche Fische.

Da Ivo, Ramo dei Fuseri, San Marco 1809, Tel. 04 15 20 58 89. Bistro-Ambiente.

Trattoria alla Madonna, Calle della Madonna 594, Tel. 04 15 22 38 24. Venezianische Küche, preiswert (Mi geschl.).

La Zucca, Ponte del Megio 1762, Santa Croce, Tel. 04 15 24 15 70. Für alle, die Gemüse lieben, mittlere Preislage (Mo geschl.).

Chat qui rit, Calle de Salvadego 1131, San Marco, Tel. 04 15 22 90 86. Selbstbedienung, preisgünstig.

Von Venedig nach Grado – Zauber einer amphibischen Landschaft

Wo die Alpen- und Voralpenflüsse Piave, Livenza, Tagliamento und Isonzo ins adriatische Meer münden, im Wechselspiel von Geschiebe, Ebbe und Flut, entstand eine **filigrane Landschaft** aus Lagunen, Lidi und Inseln, aus schilfbestandenen Wasserflächen, aus großen und kleinen Kanälen. Keine Straße kann die Ansiedlungen an der **nördlichen Adriaküste** in ihrem faszinierenden Zwischenreich von Land und Wasser aneinanderreihen. Zu weit dringen die **Lagunen** ins Land ein, fächern es auf und müssen umfahren werden. Die Staatsstraße 14, die dieser Route zugrunde liegt, und die Autobahn A4 Venedig–Triest folgen tief im Hinterland der Küstenlinie. Stichstraßen führen zum Meer und zu den Badeorten. Lido di Jesolo und Caorle sind auch von Venedig aus über Punta Sabbioni mit der Autofähre erreichbar.

2 Jesolo

Ruinen künden von der großen Vergangenheit des ehem. Hafenortes. Lido di Jesolo ist ein beliebter Adriastrand.

Bei Portegrandi von der SS 14 abzweigend, erreicht man über Caposile das Landstädtchen **Jesolo**.

Als Hafenort von Römern gerühmt, durch *Salinen* wohlhabend geworden, wurde Jesolo von Mönchen wegen seiner stillen Lagunenlandschaft sehr geschätzt. Drei *Klöster* und 40 *Kirchen* sind teilweise schon vor dem 7. Jh. entstanden. Den Elan des großen sakralen Bauens im Mittelalter stoppte der Aufstieg Venedigs: Jesolos patrizische Geschlechter übersiedelten eitel an den Canal Grande. Aus der *Glanzzeit* des längst verlandeten Hafenortes blieben nur Ruinen.

Die Attraktion heißt heute **Lido di Jesolo**. Im Sommer herrscht in der Hotelstadt, zwischen dem *Sporthafen* Cortellazzo an der Piavemündung und dem *Porto di Piave Vecchia*, Überfüllung, Trubel und viel Gedränge. Gleichwohl ist der 15 km lange, feine, gegen Erosion gesicherte *Sandstrand*, an den sich über 500 Hotels drängen, sehr beliebt.

Praktische Hinweise

Information: APT, Piazza Brescia 13, Tel. 04 21 37 06 01, Fax 04 21 37 06 06

Hotels

[Saison: April/Mai bis Sept./Okt.]

******Delle Nazioni**, Via Padova 55, Tel. 04 21 97 19 20, Fax 04 21 97 19 40. Hotel mit Restaurant, komfortabel, direkt am Strand.

*****Hotel delle Rose**, Via Zara 1, Tel. 04 21 97 26 53, Fax 04 21 97 28 38. Mit Restaurant. Geschmackvoll, gute Lage.

*****Hotel Azzorre**, Via Bafile, Tel./Fax 04 21 37 05 61. Liegt in der turbulenten Fußgängerzone in der zweiten Strandreihe.

*****Canova**, Via dei Mille 66, Tel. 04 21 37 00 75, Fax 04 21 31 10 37. Freundlich, Fernseher in den Zimmern, Parkplatz.

Restaurant

Alla Darsena, Via Oriente 166, Tel. 04 21 98 00 81. Sommerservice im Freien. Köstlicher ›Risotto nero‹.

3 Caorle

Urlaubszentrum mit historischem Stadtkern, pastellfarbenen Häusern und Fischerbooten im Kanalhafen.

Man verläßt die SS 14 kurz nach der Livenzabrücke (südlich von San Stino di Livenza) und fährt durch die weite, horizontale Landschaft zur Küste. Auf einer seit Urzeiten besiedelten Landzunge im Mündungsdelta der *Livenza* liegt Caorle. Das antike **Caprulae**, die ›Insel der Ziegen‹, war als Portus Reatinum wahrscheinlich Hafen des römischen Militärstützpunktes Concordia Sagittaria und wurde 1380 von den gegen Venedig ziehenden Genuesen unter *Pietro Doria* zerstört. Der Ort verfiel in Lethargie und machte als stilles Fischerdorf nur mehr durch das Leuchtfeuer auf dem Turm der auf den Resten eines Tempels erbauten Uferkirche **Santuario della Madonna dell'Angelo** auf sich aufmerksam.

Der *alte Kern* von Caorle hat mit seinen krummen Gassen, den spielzeughaft pastellbunten Häusern, dem venezianischen Ambiente und den vielen Fischerbooten, die im Kanalhafen **Darsena dell'Orologio** und neben der Piazza Papa Giovanni XXIII ankern, mittelalterlichen Charme bewahrt. Aus dem frühen 11. Jh. stammt die **S. Stefano Protomartire** geweihte romanisch-byzantinische Backsteinbasilika mit dem 48 m hohen, runden *Campanile*. Wertvollstes Stück der dreischiffigen Kirche ist neben zwei byzantinischen Basreliefs die berühmte **Pala d'Oro**, ein byzantinisch-venezianisches Altarbild aus vergoldetem Silber. Zyperns Königin *Caterina Cornaro* stiftete es zum Dank für Errettung aus Seenot. Die Pala wird von sechs byzantinischen Tafelbildern flankiert. Sie sind Teil einer Ikonostase aus dem 14. Jh., die der Schule von Paolo Veneziano zugeschrieben wurde. Das **Museo Storico del Duomo** (So 9–12 Uhr) zeigt wertvolle alte Paramente und Reliquien.

Vom Ortskern schwingen die nach Osten und Westen dicht mit Hotels und Pensionen verbauten Sandstrände **Spiaggia di Levante** und **Spiaggia di Ponente** aus. Architekten erdachten die moderne Hafenstadt **Porto S. Margherita** mit einem künstlichen Hafenbecken für mehr als 800 Boote und die aus einzelnen ›Dörfchen‹ bestehende Anlage *Duna Verde*. Abgeschiedenheit lassen die vielzeiligen Sonnenschirmstrände kaum zu. Landeinwärts entschädigen jedoch **Bootsfahrten** in die Lagune und in die Valle Nuova, Valle Grande, Valle Perera – in ein Paradies aus Schilf, Wasser, reicher Vogelwelt und den typischen ›casoni‹ (Fischerhütten).

Praktische Hinweise

Information: APT, Calle delle Liburniche 11, Tel. 04 21 81 0 85, Fax 04 21 84 25 1

Hafenanlagen: Yachthafen Porto S. Margherita. Ausflugsschiffe in die Lagune starten im Fischerhafen.

Hotels

[Saison: Mitte Mai bis Mitte September]

******Grandhotel San Giorgio**, Via dei Vichinghi 1, Tel. 04 21 26 00 50, Fax 04 21 26 10 77. Prächtige Lage an der Einfahrt zum Yachthafen.

Im Hafenkanal von Caorle starten Boote zu Entdeckungsreisen in die geheimnisvolle Welt der Lagunen, in die Einsamkeit der Vogelparadiese im Schilf

Der Palazzo Comunale, zinnengekrönt und viele Jahrhunderte alt, dominiert die brunnen- und denkmalgeschmückte Piazza della Repubblica von Portogruaro

****Airone**, Via Pola 1, Tel. 0 42 18 15 70, Fax 0 42 18 20 74. Komfortables Haus mit Pinienpark und Privatstrand. Mahlzeiten nur für Hotelgäste.

***Metropol**, Via Emilia 1, Tel. 0 42 18 20 91, Fax 0 42 18 14 92. Hotel mit Restaurant, Swimmingpool und Privatstrand.

***Playa Blanca**, Viale Cherso, Tel. 04 21 29 92 82, Fax 04 21 21 00 85. 10 km außerhalb gelegene Anlage mit kühlem, schattigem Piniengarten.

Camping

S. Francesco – Villaggio Turistico, Porto S. Margherita, Tel. 04 21 29 93 33, Fax 04 21 29 92 84. Moderne, gut eingerichtete Anlage.

Restaurants

Duilio, Strada Nuova 19, Tel. 0 42 18 10 87. An der Einfahrt aus Richtung Venedig. Zufahrt auch mit Boot über den Kanal möglich. Exquisite Fischgerichte, Voranmeldung empfohlen (geöffnet Mai – Aug.).

Al Cacciatore, San Giorgio di Livenza, 10 km nördl. von Caorle, Tel. 0 42 18 03 31. Modern und rustikal (Mi geschl.).

4 Concordia Sagittaria und Portogruaro

Historische Ausgrabungen bietet Concordia Sagittaria und Portogruaro ein schönes Stadtbild mit Renaissancepalästen.

Fährt man von Caorle durch die Ebene nordwärts nach Sindacale und folgt hier dem Fluß Lemene (nach der Brücke links abbiegen), erreicht man **Concordia Sagittaria**. Julius Caesar gründete die kleine Kolonie an der Via Annia, die als *Waffenschmiede* berühmt wurde. Im 5./6. Jh. stampften Hunnen und Langobarden die frühen Bauwerke in den Boden, die Ruinen wurden im Mittelalter überbaut. Die Ausgrabungen und der dreibogige **Ponte Romano** zeugen vom Ansehen der antiken Stadt. Interessant ist ferner die gotische **Basilika**. Sie bildet mit dem romanischen *Campanile*, den frühchristlichen Grabbauten und dem romanischen *Baptisterium* (verblaßte Fresken aus dem 11.–14. Jh.) ein interessantes Ensemble.

Zweieinhalb Kilometer entfernt setzt **Portogruaro** neue Akzente. In nachrömischer Zeit immer wieder zerstört, hielt das Landstädtchen später beharrlich an seiner Baustruktur aus dem

15./16. Jh. fest. An Ritter und Turniere könnte man angesichts der weitatmenden **Piazza della Repubblica** denken. Effektvoll zeigt sich die zinnengekrön te Fassade des **Palazzo Comunale** (14. Jh.) mit den wahllos eingefügten Marmorblöcken aus der Römerzeit, bewacht von Bronzekranichen auf dem **Renaissancebrunnen**. Das Bild ergänzt der romanische *Campanile* im Hintergrund, der sich an den **Dom** aus dem 18. Jh. (bemerkenswerte Altargemälde) fügt.

Der Fluß **Lemene**, auf dem man mit kleinen Schiffen von und nach Caorle reisen kann, gibt dem Ort noch immer Profil, obwohl er die romantischen ›Mulini‹ (Mühlen) längst nicht mehr antreibt. Zwei Gassen ziehen den Fluß entlang, schöne alte Häuser mit Laubengängen spiegeln sich im Wasser, drei Stadttore und Renaissancepaläste (Via del Seminario) sind zu sehen. Das **Museo Nazionale Concordiese** (Di–Sa 9–12 und 14–18 Uhr, So 8–12 Uhr) hütet wertvolle Grabungsfunde aus Concordia Sagittaria.

Praktische Hinweise

Information: APT, Borgo Sant' Agnese 57, Tel. 04 21 27 42 30, Fax 04 21 27 46 00

In den Arkadengassen von Portogruaro scheint manchmal die Zeit stillzustehen

Hotel und Restaurant

****Antico Spessotto**, Via Roma 2, Tel. 0 42 17 10 40, Fax 0 42 17 10 53. Gutgelegenes, einfaches Haus mit Restaurant (So geschl.).

Osteria al Bacaro, Via Martiri della Libertà 141, Tel. 0 42 17 19 22. Kleine, einfache, warme Gerichte, delikate ›risotti‹.

5 Lignano und Bibione

Alte Pinienbestände, goldgelber Sand.

Die SS 14 führt über den breiten Tagliamento – die Grenze zwischen Venetien und Friaul – und verbindet die Landstadt *Latisana* (Pfarrkirche mit bedeutender Pala von Paolo Veronese) über die Schnellstraße 354 mit Lignano.

Als reines Ferienzentrum entstand **Lignano** auf einer pinienbestandenen Halbinsel, die wie eine Sichel vor der Laguna di Marano zwischen der Mündung des Tagliamento und der Isola di Sant' Andrea liegt.

Die Pinien stehen dicht im Ortsteil **Lignano Riviera**, der an die Tagliamento-Mündung grenzt, und sehr viel schütterer in **Lignano Sabbiadoro** an der besonders stark verbauten Halbinselspitze. Die Kirche **S. Maria di Bevazzana**, die 600 Jahre einsam an der Tagliamento-Mündung stand, wurde in das Zentrum des Ortsteils **Pineta** umgesiedelt. Im Sommer ist Lignano eine turbulente Feriengroßstadt für 300 000 Badegäste.

Südlich von Latisana liegt auf der anderen Seite des Tagliamento **Bibione**, ein Seebad mit 8 km langem Sandstrand, umgeben von Pinienwäldern. Aus mehreren *Fischerinseln*, den ›bibiones‹, ist es im Laufe der Jahrhunderte zusammengewachsen und besteht heute aus den Ortsteilen Spiaggia, Lido del Sole, Bibione Pineda und Lido dei Pini.

Praktische Hinweise

Information: APT, Via Latisana 42, Lignano Sabbiadoro, Tel. 0 43 17 18 21, Fax 0 43 17 04 49 und Via dei Pini 53, Tel. 04 31 42 21 69

Bootshäfen: Marina Punta Gabbiani (Strada Statale Latisana–Lignano), Marina Punta Faro (Lignano Sabbiadoro), Marina Uno und Marina Punta Verde (Lignano Riviera)

In die Sonne blinzeln, den heißen Sand durch die Finger rieseln lassen, die Zeit vertun: der Strand von Lignano kommt Faulenzern meilenweit entgegen

Schiffsverbindungen: ab Darsena Sabbiadoro nach Marano Lagunare, Grado, Venedig, Triest und Slowenien

Hotels

[Saison: 15. Mai bis 15. September]

****Atlantic, Lignano Sabbiadoro, Lungomare Trieste 160, Tel. 0431711 01, Fax 0431711 03. Modernes Haus mit Swimmingpool und Piniengarten, der direkt in den Strand übergeht.

****Greif, Lignano Pineta, Arco del Grecale 27, Tel./Fax 0431422261. Nicht direkt am Strand, aber ruhig in einem schönen Pinienareal gelegen (ganzjährig geöffnet).

***Vittoria, Lignano Sabbiadoro, Lungomare Marin 28, Tel. 043171221, Fax 043173292. Direkt am Strand an der Halbinselspitze von Sabbiadoro, nahe dem lebhaften Viale Italia.

***Delle Nazioni, Lignano Riviera, Corso delle Nazioni, Tel. 043148461, Fax 0431427464. Abseits vom Strand, ganz im Grünen gelegen, Tennisplätze (nur Zimmer mit Frühstück).

**Luna, Lignano Sabbiadoro, Lungomare Trieste 68, Tel./Fax 043171490. Einfaches Haus direkt am Strand.

Camping

Oasi Club, Lignano Sabbiadoro, Tel. 0431428267, Fax 043171818

Restaurants

Bidin, Viale Europa, Sabbiadoro, Tel. 043171988. Exzellente Fischküche, phantasievoll zubereitete Tintenfische und Garnelen (Mi geschl.).

Trattoria Alla Laguna, Marano Lagunare, Piazza Garibaldi, Tel. 043167019. Berühmtes Fischrestaurant am Nordufer der Laguna di Marano (Mi und 25. Sept.–25. Okt. geschl.).

6 Aquileia

Von der Bedeutung als römische Großstadt und als mittelalterliche Patriarchen-Residenz zeugen Kirchen und Ruinen.

Das Land südlich von Cervignano del Friuli (SS 14, Abzweigung nach Aquileia und Grado über die SS 352) ist flach, weit, hell und bäuerlich. Die **Via Giulia Augusta** führt als Hauptstraße in das Zentrum des Städtchens und mitten durch das antike Forum. Aquileia, einst glänzende Vorgängerin Venedigs als

Vögel und Meeresgetier formten die Mosaizisten im 4. Jh. zu zauberhaften Bildern

Handelszentrum, ist heute eine Kleinstadt mit 3500 Einwohnern.

Geschichte 181 v. Chr. gründeten die Römer an den Ufern des schiffbaren *Natisone* (heute Natissa) eine ›colonia latina‹ als Bollwerk gegen die Expansion der keltischen Karner. Bald stieg diese Kolonie zum Municipium auf. Aquileia entwickelte sich zur führenden Stadt Oberitaliens und zum Haupthafen des *Adriahandels*. Über Fernstraßen gingen die Waren weiter in den Donauraum, nach Istrien und Illyrien mit Anbindung an die Bernsteinstraße. Paläste, Villen, Lustgärten, Thermen und Theater – kurz, eine *römische Weltstadt* mit 100 000 Einwohnern entstand. Von den Griechen wurde sie Chrysopolis, ›Goldene Stadt‹, und von Kaiser Justinian ›die größte Stadt des Abendlandes‹ genannt.

Im 3. Jh. tauschte Aquileia die römischen Götter gegen das *Christentum* ein, baute im 4. Jh. die erste Basilika und wurde rasch auch religiöser Mittelpunkt der Region. 452 blickte Hunnenkönig Attila mit Vergnügen auf die brennende, zerstörte Stadt. Ihrer *zweiten Blüte* machten 568 die Langobarden ein Ende. Kein Stein blieb auf dem anderen, die Bewohner flüchteten nach Grado. Erst 1019 kehrte Patriarch Popone von Traungau in das fast vergessene Aquileia zurück und weihte 1031 die neue Kathedrale im Beisein der kaiserlichen Familie. Auch diese Blüte war nur von kurzer Dauer. 1421 fiel Aquileia an

Blick in das Innere der Patriarchatsbasilika von Aquileia. Ihr größter Schatz sind die wunderbaren Mosaikarbeiten des Fußbodens aus dem 4. Jh.

Unter den Blumenwiesen Aquileias liegen die Reste einer römischen Großstadt. Die wiederaufgerichteten Säulen des Forums lassen den einstigen Glanz kaum ahnen

Venedig, zu Beginn des 16. Jh. an die Habsburger, und wurde erst 1918 endgültig italienisch.

Besichtigung Von der alten Römerstadt blieben, gemessen an ihrem einstigen Umfang, nur wenige sichtbare Spuren: wiederaufgerichtete Säulen des **Forum Romanum** und der forensischen Basilika neben der Einfahrtsstraße, ein transferiertes **Mausoleum** aus augusteischer Zeit, Mauerreste römischer Patrizierhäuser, Mosaikböden und Architekturteile, die Denkanstöße geben. Im Ausgrabungsgebiet am **antiken Hafen** sieht man die alten Kais und die Überreste der Lagerhäuser. Weitere Ausgrabungen sind noch im Gange. Vergangener Reichtum und Luxus sind im **Museo Archeologico** (Via Roma 1; tgl. 9–14 Uhr, im Sommer bis 19 Uhr) mit Skulpturfragmenten, Architekturdetails, Kaiserporträts, Arbeiten aus Bernstein und Edelstein sowie wunderschönen römischen Glasarbeiten dokumentiert.

Der wichtigste mittelalterliche Bau ist die **Basilica S. Maria** an der Piazza del Capitolo (tgl. 9–18 Uhr) mit einer wechselvollen Baugeschichte (4.–14. Jh.). Der 313 errichtete Erstbau war die zweitälteste christliche Kirche, älter als die Lateranbasilika in Rom (315), die als ›Mutterkirche‹ gilt. Der Zweitbau erfuhr in karolingischer Zeit Veränderungen und Erweiterungen, bekam im 11. Jh. eine romanische Gestalt und wurde nach Erdbebenschäden 1348 teilweise im gotischen Stil renoviert.

Glanz gibt der äußerlich schlichten, dreischiffigen Kirche der erst vor knapp hundert Jahren wieder freigelegte, herrliche **Mosaikfußboden** aus dem 4. Jh. mit frühchristlichen und heidnischen *Symbolfiguren*, mit ungemein vielseitigen und schwer zu deutenden Bilderrätseln und *Ornamenten*. Über diese Kunstwerke schritten wahrscheinlich schon 381 die Bischöfe zur *Synode von Aquileia*.

Einst fulminant vertreten, jetzt jedoch verblaßt sind die **Fresken** aus dem 11. Jh. in der *Apsis* (romanisches Madonnenfresko) und in der Petruskapelle (Volto Santo) im rechten Querschiff. Aus dem 9. Jh. stammt die karolingische **Krypta**. Von schweren Tonnengewölben überdacht, wurde sie im 12. Jh. mit romanischen **Fresken** geschmückt. Vom linken Seitenschiff steigt man zu den Ausgrabungen einer altchristlichen **Kultanlage** hinab, die wie ihr prachtvoller *Mosaikboden* auch aus dem ersten Kirchenbau (4. Jh.) stammt. Das verfallene *Baptisterium* aus dem 5. Jh. vor dem Dom leitet zur karolingischen **Chiesa dei Pagani** (›Heidenkirche‹) über, die den Katechumenen vorbehalten war.

Architekturreste, Fragmente von Mosaikböden und Graburnen werden im **Museo Paleocristiana** (tgl. 9–14 Uhr) an der Piazza Principe Umberto gezeigt.

Praktische Hinweise

Information: Pro loco, Piazza Capitolo 4, Tel. 0431910 87

Hotel und Restaurant

***__Patriarchi__, Via Giulia Augusta 12, Tel. 0431919595, Fax 0431919596. Mit Spezialitätenrestaurant für Fisch und Grilladen, ›Fonzari‹ (Mi geschl.).

Ristorante Augusta, Via Giulia Augusta, Tel. 0431919570. An der Hauptstraße gelegen, emilianische Spezialitäten.

Top Tip 7 Grado

Badeort und Fischerstädtchen, ein Altstadtkern wie im Bilderbuch.

Bleiches Grün und Blau, nur die beiden Farben, begleiten die Fahrt von Aquileia über den 5 km langen, in einer Drehbrücke endenden *Straßendamm*, der seit 1914 die *Laguna di Grado* mit ihren Inselchen überwindet und Grado an das Festland bindet.

Grado, das römische **Gradus**, bildete als ›vicus portuensis‹ den **Außenhafen** des komplexen Hafensystems von Aquileia. Die Heimsuchungen der friulianischen Tiefebene durch Hunnen und Langobarden im 5./6. Jh. brachte die flüchtende Bevölkerung aus Aquileia auf die Insel. In ›Aquileia Nova‹ überlebte ihre Kultur, und ihre Patriarchen verschönerten die Sakralbauten. Konfliktstoff entstand jedoch 606/7 durch die Trennung der Patriarchate. In Grado residierte ein romtreuer Patriarch über **Seevenetien**, in Aquileia ein schismatischer, von langobardischen Diözesanbischöfen eingesetzter Patriarch über **Landvenetien**.

In der Folge schreckte Aquileia nicht vor blutigen Überfällen auf die einstige Schutzstadt Grado zurück. Venedig stand Grado zwar bei, doch 1451 wurde der Patriarch gezwungen, seine Residenz von Grado nach Rialto zu verlegen. Grado resignierte, nahm ›l'anzolo‹, den Wahrzeichen-Engel auf dem *Campanile*, als Versöhnungsgabe von Venedig entgegen und wurde wieder zum Fischerdorf, in der Abgeschiedenheit seiner insularen Lage. Erst gegen Ende des 19. Jh. erlebte das damals österreichische (1815–1914) Grado mit der Eröffnung des Ospizio Marino (1872) und der

In der restaurierten Basilica S. Eufemia von Grado bildet der von Säulen getragene hohe Ambo aus dem 13. Jh. mit Evangelistensymbolen einen ganz besonderen Blickpunkt

Flinke Privatboote und kleine Segler drängen sich im Hafenbecken von Grado

ersten **Badeanstalt** (1890) einen ungeahnten Aufschwung als Seebad der österreichischen Aristokratie.

Grados *Fischereiflotte*, viertgrößte der Adria, hat sich längst mit dem Trubel der Sommergäste arrangiert, die den 3 km langen Hauptstrand und den kürzeren, breiteren Weststrand bevölkern. In der **Altstadt** bestimmen jedoch die verwinkelten calli (Gassen) und campielli (Plätze), die alten Häuser um die **Piazza dei Patriarchi** und der malerisch bunte, belebte **Kanalhafen** das Ambiente. In die Tage der lagunaren Völkerwanderung führt das Ensemble aus *Kirchenbauten* an der Piazza zurück.

Die **Basilica di S. Eufemia** (tgl. 7–22.30 Uhr, im Winter bis 19 Uhr) stammt aus dem 6. Jh. Der dreischiffige **Innenraum** mit Säulenarkaden nach ravennatischem Vorbild und starken hell-dunkel Kontrasten besticht durch 700 m^2 **Fußbodenmosaiken**. Mit ihrem geometrischen Aufbau, den stilisierten Pflanzenmotiven und dem Verzicht auf figürliche Darstellungen unterscheiden sie sich stark von den phantasievollen Mosaiken in Aquileia [s. S. 47]. Bemerkenswert sind auch der von den ›Magistri campionesi‹ aus der Lombardei im 13. Jh. geschaffene, von antiken Säulen gestützte hohe **Ambo**, der über Reliefs mit Evangelistensymbolen einen bemalten Steinbaldachin in venezianisch-maurischem Stil trägt und die **Pala d'argento**, eine gotische Altartafel aus vergoldetem Silber. Hinter dem Hauptaltar öffnet sich der Zugang zur **Cella Trichora**, deren Fußbodenmosaik jenes Wellenmotiv aufnimmt, das auch durch das Mittelschiff der Basilika leitet und den auslaufenden Wellen am Sandstrand gleicht. Interessant ist zudem der **Domschatz** mit Pretiosen aus Aquileia und Grado sowie das **Lapidarium** mit antiken und frühchristlichen Reliefs und den skulpierten *Sarkophagen* aus der berühmten Bildhauerschule von Aphrodisias in Karien.

Schlicht, streng, schmucklos ist das benachbarte achteckige **Battistero** aus der 2. Hälfte des 5. Jh. Der **Innenraum**, durch einen schönen Balkendachstuhl abgeschlossen, zeigt ein mächtiges sechsseitiges *Immersionsbecken*, in dem Ganzkörpertaufen vollzogen wurden.

Im 5./6. Jh. wurde die Kirche **S. Maria delle Grazie** gebaut, die Alter und Würde ausstrahlt. Der später barockisierte **Innenraum** wurde 1920 wieder in seinen ursprünglichen Zustand versetzt. Sehenswert sind die Choreinfassung mit Originalteilen aus dem 6. Jh., der *Mosaikboden* im rechten Seitenschiff mit Weihinschriften sowie die antiken bzw. byzantinischen Säulen und Kapitelle.

TOP TIP Bei Bootsfahrten in die **Lagune von Grado**, die von der Isola di Porto Buso

Die untergehende Sonne färbt das Wasser in der Lagune von Grado golden und läßt die winzigen Inseln und Landrücken, Fischerhütten und Boote schwarz und düster erscheinen

bis Rotta di Primero reicht, trifft man auf die typischen lagunaren Erscheinungsformen.

Es gibt Inseln, deren Klöster und Kirchen durch Landsenkung nur mehr in Ruinen stehen, aber auch die noch intakte **Isola Barbana**, deren Wallfahrtskirche **S. Maria** seit 1237 an jedem 1. Juli das Ziel der *Bootsprozession* ›perdon di Barbana‹ ist. Die verehrte Marienfigur (15. Jh.) auf dem Hochaltar wurde der Sage nach von den Wellen des Meeres angeschwemmt.

Praktische Hinweise

Information: AAST, Viale Dante 72, Tel. 04 31 89 92 20, Fax 04 31 89 92 78

Schiffsverbindungen nach Lignano, Duino und Triest

Hotels

[Saison: April/Mai bis Sept./Okt.]

******Grand Hotel Astoria**, Largo S. Grisogono 2, Tel. 0 43 18 35 50, Fax 04 31 8 33 55. Komfortables Haus mit eigenem Schwimmbad; einige Gehminuten zum Strand.

******Hannover**, Piazza XXVI Maggio 10, Tel. 0 43 18 22 64, Fax 0 43 18 21 41. Hübsche Lage am malerischen Kanalhafen, nahe der Altstadt.

*****Alla Spiaggia**, Via Mazzini 1, Tel. 0 43 18 23 66, Fax 0 43 18 58 11. In unmittelbarer Strandnähe, eigener Garten, familiär.

*****Villa Reale**, Via Colombo 11, Tel. 0 43 18 00 15, Fax 0 43 18 05 20. Angenehmes Haus bei den Tennisplätzen; kurzer Weg zum Strand.

****Marea**, Via Provveditori 6, Tel./Fax 0 43 18 12 06. Klein, freundlich, am Uferdamm.

Camping

Europa, Tel. 0 43 18 08 77, Fax 0 43 18 22 84. Moderne Einrichtungen inkl. Tennisplatz und Bootsverleih.

Restaurants

Locanda alla Fortuna ›Da Nico‹, Via Marina 10, Tel. 0 43 18 04 70. Kreative Fischküche, Möglichkeit im Freien zu sitzen.

Tavernetta all'Androna, Calle Porta Piccola 4, Tel. 0 43 18 09 50. Moderne leichte Küche, sehr phantasievoll. Tische auf der Piazzetta.

Ristorante Da Toni, Piazza Duca d'Aosta 37, Tel. 0 43 18 01 04. Moderner Familienbetrieb, lagunares Ambiente.

Längs der Karstküste – schöne Felsbuchten und Licht wie geschmolzenes Glas

Eine Nebenstraße von Grado führt über die Ausläufer der Laguna di Grado, ihr Hinterland und das sumpfreiche Mündungsdelta des **Isonzo** nach Monfalcone und erreicht dort die SS 14, die entlang der Karstküste nach Triest führt. Die Landschaft ist vorerst flach, eintönig, einsam, pastellfarben, ab Monfalcone wird sie ernst. Zerklüftete **Felsen** fallen steil zum Meer ab, bizarre Gesteinsformationen türmen sich auf, herrliche **Ausblicke** auf das Meer sind möglich.

8 Monfalcone

Soldatenfriedhof, Werften, Kräne und eine alte Burg.

Kurz vor Monfalcone fährt man über die Isonzo-Brücke. Traurige Berühmtheit erlangte der mehrarmig mündende Fluß als Namensgeber für 12 blutige **Schlachten** zwischen Italien und Österreich im Ersten Weltkrieg. Der Hybris von Kriegen mag man im **Sacrario Militare** (15. Mai–30. Sept. 8–19 Uhr, 1. Okt.–14. Mai 9–12 und 14–17 Uhr) in *Redipuglia*, nördlich von Monfalcone, nachspüren. 100187 italienische Soldaten der ›Terza Armata‹ ruhen eingemauert in einer riesenhaften **Steintreppe**, die in gigantischer Geometrie zwischen Zypressen auf eine von drei Kreuzen – Symbole für Gott, Vaterland und Familie – bestandene Hügelkuppe führt.

Monfalcone, hektisch, manchmal laut, eine Industriestadt mit Problemen, hat die Bausubstanz aus 2000 Jahren in Bombardements eingebüßt. Nur die **Burg** (Rocca) ist alt, römisch fundamentiert. Hier befindet sich heute das **Museo Speleopaleontologico** (Höhlenmuseum, tgl. 9–12 und 14–17 Uhr).

9 Duino

Ort uralter Mythen und alter Kastelle.

Der **Timavo**, ein echter Karstfluß, entspringt an den Hängen des Sneznik, fließt geruhsam ein Stück durch Slowenien, fällt bei San Canziano (Skocjan) tief in eine Schlucht und tritt erst nach einem unterirdischen Lauf von 35 km bei *San Giovanni di Duino*, wenige Meter rechts der SS 14, wieder ans Tageslicht. Das Geheimnis um den Fluß, der einst in sieben starken Quellen unvermittelt aus der Tiefe sprudelte, beeindruckte schon die Phantasie der *antiken Poeten*. Romantisch beflügelt orteten sie hier den Eingang zur **Unterwelt**. Vergil widmete dem ›ruhelosen Fluß‹ Verse in seiner ›Aeneis‹. Heute verläuft die Mündung hübsch, aber unspektakulär.

Ein Hauch von Ewigkeit liegt über der gotischen Kirche **San Giovanni in Tuba** in der Nähe der Quellen. Sie steht auf römischem Tempelboden, hier opferte man einst Timavus und Herkules. Grabungsfunde sind im *Complesso Archeologico delle Fonti di Timavo* ausgestellt (Besichtigung nach Voranmeldung, Tel. 43631).

Die **Foce del Timavo** (Foce = Mündung) markiert den Beginn der **Triester Riviera**. Schneeweiße Kalkfelsen und bizarre Berggrate stößt der Karst hier ins Meer, macht die Landschaft wild und ungestüm und spart nur bei Duino, Sistiana und Grignano *malerische Felsbuchten* mit schmalen Kiesstränden aus.

Zwei verwegene **Kastelle** auf vorgeschobenen Felsbastionen dominieren Duino. Von spartanischen Wachtürmen aus kontrollierten hier schon die Römer den Golfo di Panzano. **Castello Vecchio** aus dem 11. Jh., einst Besitz der Familie Duino (Tybein), Lehensherren der Patriarchen von Aquileia mit Raubritterambitionen, ist seit der Zerstörung durch Venezianer nur noch eine malerische Ruine. **Castello Nuovo** wurde Ende des 14. Jh. hoch über dem Meer um einen römischen Wachturm errichtet. Der mächtige, unorganische Gebäudekomplex ist seit Jahrhunderten Wohnsitz der

Fürsten Thurn und Taxis, die viele Berühmtheiten um sich scharten. Der österreichische Lyriker **Rainer Maria Rilke** schrieb hier die ersten beiden seiner ›Duineser Elegien‹ und den Gedichtezyklus ›Marienleben‹, den Paul Hindemith vertonte.

An den Dichter erinnert der **Sentiero Rilke**, ein malerischer Spazierweg mit herrlichen Ausblicken auf das Meer, der von Duino entlang der Klippen zur zauberhaften Bucht von Sistiana führt.

Praktische Hinweise

Information: APT, Sistiana 56b bei Duino Aurisina, Tel. 0 40 29 91 66

Hotels und Restaurants

******Europa**, Marina di Aurisina, Tel. 0 40 20 02 30. Zauberhaft gelegenes Ferienhotel am Meer.

*****Duino Park Hotel**, Loc. Duino, Tel. 0 40 20 81 84, Fax 0 40 20 85 26. Kleines, hübsches Hotel ohne Restaurant (geöffnet April–Okt.).

Alla Dama Bianca, Duino Porto 61/e, Tel. 0 40 20 81 37. Seefahrerambiente, Blick auf den Hafen, köstlich zubereitete Fischgerichte.

Setzen den Karstfelsen eine Krone auf: die beiden Duineser Burgen am Beginn der Triester Riviera

10 Castello di Miramare

Traumschloß Kaiser Maximilians mit schwermütigem Ambiente.

Von Duino über Sistiana folgt die SS 14 auf halber Höhe dem unruhigen Verlauf der Küste. Weitgefächert ist der Ausblick von der Isonzo-Mündung auf die *Berge Istriens*, zauberhaft, wenn der Sommacco (Sumach), eine Karstpflanze, die felsigen Küstenhänge feuerrot färbt.

Halbwegs zwischen Duino und Triest steht auf einer Landspitze **Castello di Miramare** – sehr weiß, verspielt, zinnengekrönt und theatralisch. Österreichs **Erzherzog Maximilian Ferdinand**, Bruder von Kaiser Franz Joseph I., ließ sich das Haus seiner Träume 1856–70 nach eigenen Entwürfen und Plänen des Architekten Carl Junker im englisch-normannischen Stil bauen. Der Traum war schwülstig und kurz. Maximilian, verheiratet mit *Charlotte*, Tochter Leopolds I. von Belgien, griff trotz europäischer Kronenauswahl nach der ihm angebotenen *Kaiserkrone Mexikos*. Vom noch unfertigen Miramare aus brach er 1864 an Bord der Fregatte ›Novara‹ in das imperiale Abenteuer auf. Drei Jahre später erschossen ihn Republikaner im mexikanischen Querétaro. Erst vier Jahre danach war das Schloß fertiggestellt. Nur kurz wurde es von der geisteskrank heimgekehrten Charlotte bewohnt. Heute wird es als **Museo Storico del Castello di Miramare** geführt (April–

Nostalgie paart sich mit Melancholie, wenn die Ton- und Lichtspiele im Park vom Castello di Miramare das Leben des glücklosen Kaisers von Mexiko aufbereiten

Sept. 9–18 Uhr, Nov.–Febr. 9–16 Uhr, März und Okt. 9–17 Uhr).

Das opulente **Interieur** befindet sich im ursprünglichen Zustand: viel Plüsch, viel Überschwang, viel Rot und Gold, Schnitzereien, Seidentapeten, Gemälde und einige kostbare alte Möbel. In vielen Räumen schlägt die maritime Verbundenheit des Hausherrn durch: Sein *Schlafgemach* gleicht einer Schiffskabine, das *Arbeitszimmer* ist der Offiziersmesse der ›Novara‹ nachempfunden, die *Säle* heißen ›Windrose‹ und ›Möwe‹. Den **Thronsaal** schmückt die gemalte Allegorie auf die Größe Kaiser Karls V.

Der **Parco del Castello** (tgl. 9 Uhr bis Sonnenuntergang; im Juli/Aug. Lichtspiele ›Luci e Suoni‹) mit vielen Treppen, Teichen, Plastiken und Pavillons ist ein üppig wuchernder, teils geometrisch angelegter exotischer Garten.

Praktische Hinweise

Hotel und Restaurant

*****Riviera Residence Maximilian**, Grignano, Tel. 040224551, Fax 040224300. Helles, freundliches Hotel, schöne Lage in der Bucht.

La Marinella, Barcola, Viala Miramare 323, Tel. 040410986. Neben Schloß Miramare. Zum Ausruhen und zum Genießen von Köstlichkeiten aus dem Meer.

11 Triest

Plan Seite 54

Größter Adriahafen an der Peripherie Italiens mit österreichischem Flair: uralt, eigenwillig, multikulturell.

Die SS 14 folgt ab Grignano der Küste, führt unterhalb des *Monte Grisa* mit dem modernen, 1967/68 von Antonio Guacci erbauten Santuario vorüber und erreicht bei Barcola Triest. Der ganze Stolz der Italianità konzentriert sich hier im **Faro della Vittoria**, dem Leuchtturm des Sieges, der blendend weiß aus den zersiedelten Karstbergen aufragt.

Geschichte Über die Vorgeschichte des *Castelliere* (Hügelsiedlung), das von den Römern 178 v. Chr. erobert wurde und als **Tergeste** in die Geschichte einging, gibt es nur Vermutungen. Unter Kaiser Trajan (99–117) war Tergeste bereits eine ummauerte blühende Stadt auf der Kuppe des heutigen *Colle di San Giusto*. Nach einer intensiven frühchristlichen Periode wurde die Stadt Opfer plündernder Völkerwanderer und versank in Bedeutungslosigkeit. Venedigs Begehrlichkeit, der Piraterie nicht abhold, eskalierte in Überfällen, die wiederholt mit der Besetzung Triests endeten. 1382 unterstellte sich die Stadt freiwillig der Schutzhohcit Hcrzog Leopolds von Österreich. Fünfeinhalb Jahrhunderte blieb Österreich ein dominanter Partner. Im 15. Jh. gewann der

Triestiner *Schiffsbau* an Bedeutung. Der *Handel* blühte auf, und auch Scharen von Rompilgern reisten auf Triestiner Schiffen. Scharmützel mit Piraten und Venezianern blieben jedoch an der Tagesordnung, bis Kaiser Karl VI. im Jahr 1717 ein Patent zum Schutz der Adriaschiffahrt erließ. Ab 1719 war Triest **Freihafen**. In den folgenden Jahrzehnten wurden Stadt und Hafenanlagen erweitert und z.B. der Molo San Carlo (heute ›Audace‹) angelegt. Während der Regierungszeit Maria Theresias (1740–80) lockten kaiserliche *Zollfreiheiten* Kaufleute aus ganz Europa an. Die Stadt gab sich weltoffen und multikulturell, die Bevölkerungszahl stieg sprunghaft an. Der größte **Aufschwung** erfolgte jedoch erst, als der *Wiener Kongreß* 1815 Triest und Friaul wieder Österreich zusprach. Gleichzeitig fielen Venedig und Venetien an die Habsburger-Monarchie. Endlich konnte sich Triest unter dem Schutzmantel Wiens gegen Venedig profilieren. Große Werften, Schiffahrtsunternehmen, Banken und Versicherungsgesellschaften siedelten sich an, 1832 wurde der *Österreichische Lloyd* gegründet. Zur Jahrhundertwende durchfurchten seine 76 Schiffe die Meere in Richtung Asien, Indien, China und Japan.

In dem mit dem kaiserlichen **Ehrentitel** ›Urbs fidelissima‹ ausgestatteten Triest entstanden die großen neoklassizistischen Palazzi. *Wiener Architekten* prägten das Gesicht der Stadt, in der *Literaten* wie der Romancier Italo Svevo, der Lyriker Theodor Däubler, die Schriftsteller Umberto Saba, Scipio Slataper, Giorgio Voghera, Stelio Mattioni und der Wahltriestiner James Joyce arbeiteten. Am 3. November 1918 wurde Triest italienisch. Im **Zweiten Weltkrieg** bildeten Triest und Julisch-Venetien (ab 3. Nov. 1943) eine von Deutschen verwaltete *Provinz*. Nach Kriegsende war Triest ein in zwei Zonen geteilter entmilitarisierter Freistaat. Die nördliche Zone kam 1954 nach dem Verlust des Hinterlandes wieder unter italienische Verwaltung, die südliche fiel an Jugoslawien. Erst im Jahr 1964 wurde die *Region Friaul-Julisch Venetien* mit Triest als **Hauptstadt** gegründet.

Besichtigung Es lohnt, von der Piazza Goldoni über die große Freitreppe Scala dei Giganti zum **Colle di San Giusto** aufzusteigen (mit dem Auto geht es über die Via San Michele). Der *Ausblick* vom Hügel rückt die spezifische Situation Triests am besten ins Bild. Weit öffnet sich die Stadt dem Meer, man erkennt die exponierte Lage der Landspitze, die im Süden, von der Baia di Muggia gerahmt, weit in den *Golfo di Trieste* hin-

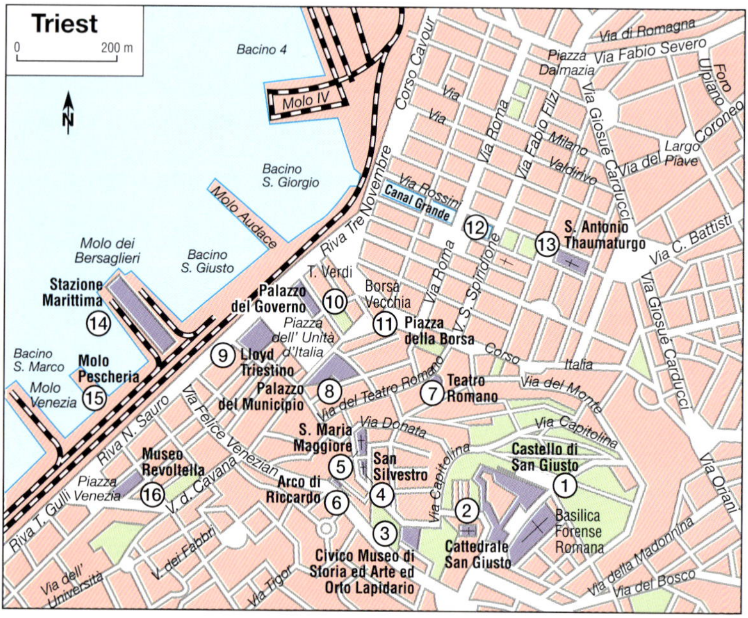

Vielleicht gibt es noch mehr auszugraben? Erst in diesem Jahrhundert wurden die Reste des römischen Forums vor dem Castello San Giusto ans Licht gebracht

einragt. Von der römischen Stadt auf dem Hügel sind nur Reste erhalten: Säulenstümpfe des Forums, Reste des Capitolinischen Tempels, Teile der Basilica Forense und rekonstruierte Kapitelle. Die alte ›platea romana‹ wird heute vom **Castello di San Giusto** ① beherrscht, dessen Bau 1470 von Habsburgs Kaiser Friedrich III. angeordnet, mit österreichischen und venezianischen Bastionen vollendet, sehr mächtig wirkt. Kriegerische Relevanz besaß es indes nie. Heute werden einige Säle als **Civico Museo del Castello San Giusto** (Di–So 9–13 Uhr) genutzt, im Cortile delle Milizie finden Freilichtaufführungen statt. Prächtig ist der *Ausblick* von den Wehrgängen auf Stadt, Golf und das karstige Hinterland mit den schütteren Steineichenwäldern.

Die nahegelegene **Cattedrale San Giusto** ② entstand aus den Trümmern eines Tempels und einer frühchristlichen Kulthalle. Ihr asymmetrisches Erscheinungsbild erhielt sie im 14. Jh., als man zwei nebeneinanderstehende *romanische Basiliken* durch Abriß der Seitenwände und Einzug einer Holzdecke über dem neu entstandenen Mittelschiff zu einer fünfschiffigen byzantinischen Kirche zusammenfügte. Die Bauwunden verdeckte man durch eine vorgeblendete **Fassade** mit einem strahlend weißen gotischen Rosettenfenster. Die Seitenpfeiler des Hauptportals bestehen aus einem zersägten römischen Grabstein, der **Mosaikboden** vor dem Chor stammt aus einer zerstörten Kirche des 5. Jh., das Mosaik der thronenden Gottesmutter in der linken Seitenapsis ist eine venezianische Arbeit des 12. Jh. Die **Fresken** in der rechten Seitenapsis (11. Jh.) und das **Christus-Mosaik** in der Kuppel (13. Jh.) beleben durch Farbe, Gold und Licht den Innenraum.

An dieses Kirchen-Ensemble fügen sich links das romanische **Baptisterium** und rechts die gotische Kirche **San Michele al Carnale** an. Der 1378 unter Verwendung römischer Fragmente erbaute Campanile zeigt über dem Eingang die byzantinische Statue des Stadtheiligen San Giusto. Neben der Kirche befindet sich der Eingang zum **Civico Museo di Storia ed Arte ed Orto Lapidario** ③ (Di–So 9–13 Uhr) mit Exponaten zur Vor- und Frühgeschichte. An Johann Joachim Winckelmann erinnert der *Tempietto Winckelmann*. Der berühmte Antikenforscher wurde 1786 in Triest von seinem Begleiter ermordet.

Der Abstieg vom Kastellberg nach Süden führt durch einen sehr alten Stadtteil. Etwa in der Höhe der Via Donata verlief im Mittelalter die **Stadtmauer**, von der noch Reste – Tor Cucherna und Tor Donata – erhalten blieben. Einen kleinen Umweg lohnt das romanische Kirchlein **San Silvestro** ④, das älteste erhaltene Gotteshaus Triests (11. Jh.). Einen barocken Kontrapunkt bildet die benachbarte Jesuitenkirche **S. Maria Maggiore dei Gesuiti** ⑤ (17. Jh.) nach Plänen von Pater Giacomo Briano, mit einer Fassade von Andrea Pozzo. Östlich der Kirche steht an der Piazzetta Barbacan der **Arco di Ricardo** ⑥, ein Torbogen des augusteischen Mauerrings. Längst verschwunden glaubte man das Halbrund des früher direkt am Meer gelegenen **Teatro Romano** ⑦ (1. Jh.), 1938 kam die Anlage nach dem Abriß eines ganzen Stadtviertels wieder zum Vorschein. Durch alte Gassen gelangt man in südöstlicher Richtung zum Revier der Antiquitäten- und Trödelläden und schließlich zur Piazza Borsa und Piazza dell'Unità d'Italia.

Die rechteckige, zum Meer hin offene **Piazza dell'Unità d'Italia** ist Triests urbaner Salon. Alles ist hier groß, pompös und teuer – in der Euphorie und Weltläufigkeit des 19. Jh. erbaut. Jahrzehntelang war die Piazza eine Baugrube, der barocke Palazzo Pitteri (1790) und die Casa Stratti mit dem noblen Caffè degli Specchi (1835) versanken im Staub. Es bauten: der Eklektiker Giuseppe Bruni ab 1875 den **Palazzo del Municipio** ⑧ im Stil der Neorenaissance, der Wiener Heinrich Ferstel, Vertreter des historisierenden Stils, 1880–83 das Direktionsgebäude des damaligen Österreichischen Loyd, heute **Lloyd Triestino** ⑨, und der Österreicher Emil Artmann 1904 den **Palazzo del Governo** ⑩, dem er eine Jugendstilfassade mit reichem Mosaikschmuck gab. Auf der kleineren **Piazza della Borsa** ⑪ drängen sich Börse, Banken, prunkvolle Fassaden und teure Geschäfte. Klassizistische Gebäude wie die *Borsa Vecchia*, die alte Börse von 1805, und die Einkaufsgalerie *Tergesteo* (1840–42) harmonieren mit den reich dekorierten Jugendstilfassaden der Casa Bartoli (1905) und der Banca d'America e d'Italia von 1912.

Wenige Schritte meerwärts leitet die Piazza Tommaseo zum klassizistischen **Teatro Verdi** (1801), zur Meerpromenade Riva Tre Novembre, zum klassizistischen Palazzo Carciotti und zum 1756 angelegten **Canal Grande** ⑫ über.

Der Kanal gab einst dem **Borgo Teresiano**, dem unter Maria Theresia erbauten Viertel mit seinem akribisch angelegten Straßenraster, Farbe. Schiffe fuhren bis zur klassizistischen, von Pietro Nobile 1847–49 erbauten Chiesa **S. Antonio Thaumaturgo** ⑬. Auf dem 1934 verkürzten Canal liegen heute nur noch kleinere Boote. Am lebhaftesten ist das Treiben auf der nahen *Piazza di Ponterosso*. Die **Uferpromenaden** Riva Tre Novembre, Riva del Mandracchio

Venezianische Meister schufen das großartige Mosaik der thronenden Gottesmutter in der linken Apsis der Cattedrale San Giusto von Triest

Monumente einstiger Macht und Herrlichkeit säumen die Triester Piazza dell' Unità d'Italia. Im Zentrum der imposante Palazzo del Municipio (19. Jh.)

und Riva Nazario Sauro verbinden die Molen miteinander.

Die frühere Betriebsamkeit auf dem **Molo Audace** hat sich zum nahen *Molo dei Bersaglieri* verschoben. Die großen Säle der **Stazione Marittima** ⑭, 1936 aus Anlaß der ersten Amerika-Reise des Motorschiffs ›Vulcania‹ eröffnet, werden heute als Kongreßzentrum genutzt. Im Jugendstilgebäude des **Molo Pescheria** ⑮ sind der Fischmarkt (Di–Sa vormittags) und das **Aquario Marino** (Mai–Sept. 9–18 Uhr) untergebracht.

Von hier lohnt ein Schwenk stadteinwärts über die Piazza Venezia zum **Museo Revoltella** ⑯ an der Piazza Diaz 18 (Mo, Mi–Sa 9–12 und 15–18 Uhr, Di und So 9–12 Uhr). Die Stiftung Pasquale Revoltella zeigt in 40 Sälen eine Sammlung italienischer Malerei des 19. Jh. und 20. Jh.

Praktische Hinweise

Information: APT, Via S. Nicolò 20, Tel. 04 06 79 61 11, Fax 04 06 79 62 99. Zweigstelle am Hauptbahnhof (Mo–Fr 8.30–13 und 15.30–19 Uhr, Sa 8.30–14 Uhr)

Flughafen: Ronchi dei Legionari, Tel. 04 81 77 32 25, Stadtterminal Tel. 0 40 42 27 11

Hauptbahnhof: Piazza della Libertà, Tel. 0 40 41 82 07

Parkhäuser/-plätze: beim Hauptbahnhof, in der Via Giulia und Via F. Severo

Hotels

****__Grand Hotel Duchi d'Aosta__, Piazza dell' Unità d'Italia 2, Tel. 04 07 60 00 11, Fax 0 40 36 60 92. Stilvolles Gründerzeithaus, Zimmer mit Blick auf die Piazza und das Meer. Elegantes Restaurant ›Harry's Grill‹ im Haus.

****__Star Hotel Savoia Excelsior Palace__, Riva Mandracchio 4, Tel. 04 07 79 41, Fax 0 40 63 82 60. Direkt an der Meerpromenade.

**__Novo Hotel Impero__, Via Sant' Anastasio 1, Tel. 0 40 36 42 42, Fax 0 40 36 50 23. Kleineres Haus ohne Restaurant in Bahnhofsnähe.

Camping

Pian del Grisa, Contovello, SS 202, Tel. 0 40 21 31 42 (geöffnet Mai–1. Okt.).

Restaurants

Antica Trattoria Suban, Via Comici 2, Tel. 04 05 43 68. Angenehmes Ambiente, regionale Spezialitäten, Sommerservice in einer Pergola (Mo und Di mittags und 1.–15. Aug. geschl.).

Al Coboldo, Via del Rivo 3, Tel. 0 40 63 73 42. Hübsches Gartenlokal,

Einblick in die Unterwelt des Karsts

TOP TIP

Faszination Karst

Der ›Carso Triestino‹ ist ein von natürlichen Gewalten und menschlichen Eingriffen stark bearbeitetes **Kalksteinplateau**. *Römer und Veneziander haben den Karstwald gerodet, aus dem Holz Schiffe gebaut und auf Millionen von Stämmen ihre Paläste gestellt. Wasser, Sonne und Wind haben die* **Bodenerosion** *beschleunigt und im porösen Stein Abbrüche, Rinnen, Spalten und Dolinen ausgebildet, die von* **Karstheide** *überzogen, eine herbschöne Landschaft bilden. Der wenig widerstandsfähige Kalkstein läßt das Wasser ins Innere vordringen, und es erzeugt an der ›Nachtseite‹, tief unter der Oberfläche, eine bizarre Welt aus Gängen, Abgründen,* **Grotten**, *aus Stalaktiten und Stalagmiten, die grandiose Tropfsteinformationen darstellen.*

Als der Triestiner Wasserbautechniker Antonio Federico Lindner 1841 in die **Karsthöhlen** *abstieg, um neue Wasserreservoirs für Triest zu erschließen, entdeckte er die* **›Grotta Gigante‹** *bei Sgonico, nördlich von Triest. Speläologen bezeichnen die Riesengrotte mit 280 m Länge, 60 m Breite und 127 m Höhe als die größte touristisch erschlossene Höhle der Welt. Seit 1908 ist sie für Publikum zugänglich, seit 1956 wird sie elektrisch beleuchtet. Erschienen die gewaltigen Tropfsteinformationen im Schein der Karbidlampen gespenstig, schauerlich und mystisch, so wirken sie nun, gut ausgeleuchtet, wie eine effektvolle Inszenierung in Gold, Braun- und Rottönen. Das mittlere* **Wachstum** *der Stalagmiten und Stalaktiten, dort, wo sich der in Wasser aufgelöste Kalkstein an den Tropfstellen ansetzt, beträgt derzeit 2 mm in 100 Jahren.*

umfangreiches Angebot an Fleischgerichten.

Ai Fiori, Piazza Hortis 7, Tel. 040 30 06 33. Elegantes, dennoch gemütliches Lokal mit phantasievoller Küche (So und Mo geschl.).

Ohne **Kaffeehäuser** ist ein Triest-Aufenthalt fast nicht denkbar. Die bekanntesten sind das **Caffè degli Specchi**, Piazza dell' Unità d'Italia, das **Caffè Tommaseo**, Riva Tre Novembre und das **Caffè San Marco**, Via Cesare Battisti 18.

12 Muggia

Liebenswürdig, venezianisch, ein Stadtkern in historischen Mauern.

Über die südlichen Industrievororte von Triest fährt man längs der *Baia di Muggia* nach Muggia. Das kleine Städtchen, von einer Hügelkette umgeben, ist die letzte Ortschaft Friauls und der erste Vorbote Istriens. In römischer Zeit als **Castrum Muglae** gegründet, ging Muggia 1451 an Venedig über. Jahrhundertelang gab hier die Serenissima den Ton an und führte Krieg mit Triest von Bucht zu Bucht. *Venezianisch* ist noch heute der Dialekt und der Karneval, der Baustil des Doms **SS. Giovanni e Paolo** und des Rathauses. Venezianisch sind die verschlungenen Gassen, die Loggien, Spitzbögen und Wappen an den Häusern. Vor allem die **Piazza Marconi** gleicht einem echt venezianischen ›Campiello‹.

Über die Küstenstraße erreicht man *San Rocco* und über eine Abzweigung (links) die einsam gelegene romanische Wallfahrtskirche **S. Maria Assunta** in Muggia Vecchia (10.–13. Jh.). Zauberhaft sind Lage und Aussicht.

Praktische Hinweise

Information: AAST, Via Roma 20, Tel. 040 27 32 59

Hotel und Restaurant

*****Albergo Lido**, Via Cesare Battisti 22, Tel. 040 27 33 38/9, Fax 040 27 19 79. Mit Restaurant.

Ristorante La Risorta, Riva de Amicis 1, Tel. 040 27 12 19. Sommerservice auf der Terrasse (im Sommer So und Mo geschl.).

Von Venedig bis zur Mündung des Po – Villen, Wasserland und berühmte Städte

Das ewige Spiel von Gezeiten und Flüssen ließ eine zwischen Erde und Wasser fast schwebende Landschaft entstehen. Die *›Strada Romea‹* (SS 309) folgt der schon von den Römern konzipierten Route ›Popilia‹. Sie trifft südlich von Mestre auf die aus Venedig herausführende SS 11 und führt längs der **Laguna Veneta** geradewegs nach Süden in das ›lebende‹, wachsende Land der Flußmündungen von **Brenta** und **Adige** sowie in das gewaltige **Delta del Po**. Wolkenstimmungen, ziehende Vogelschwärme, Pappelreihen, Orte, insular oder uralt und längst verlandet, Badestrände, Dünen und Brackwasserseen prägen das Bild.

13 Naviglio di Brenta

Palastartige Villen in einer venezianischen Gegenwelt: erdverbunden und grün.

Ruhesuchende Venezianer ließen sich in der Blütezeit der *Villeggiatura* (ital. = Sommerfrische) im 15.–18. Jh. verschwenderische Sommervillen an das mit Schiffen leicht erreichbare Ufer des Naviglio di Brenta (Brenta-Kanals) bauen. Heute fährt man aus Sehnsucht nach Authentizität mit dem Schiff ›Il Burchiello‹ von Venedigs San Marco (Pontile Giardinetti) aus nach *Strà*, oder man folgt mit dem Auto der SS 11, die am Kanalufer entlang führt.

Nahe Fusina (Zufahrt ab Oriago) liegt die berühmte **Villa Foscari** ›La Malcontenta‹ (Mai–Okt. Di, Sa und am 1. So des Monats 9–12 Uhr). Nachfahren des *Dogen Francesco Foscari* haben sie 1560 in Auftrag gegeben. **Andrea Palladio** – der eigenwillige Müllerssohn Andrea di Pietro della Gondola – hat sie in Form eines klassizistischen Tempels erbaut: edel und ebenmäßig, mit einem *Säulenportikus*, der lange Schatten ins Wasser wirft. Verschwenderisch schmücken mythologische **Fresken** und architektonische Trompe l'oeil-Malereien die Räume der Villa. In der höchst dekorativen **Sala del Gigante** mit dem ›Gigantensturz‹ von Battista Franco – unter dem Fres-

In Strà ließ sich Doge Alvise Pisani seinen imperialen Landsitz errichten. Italien erkor ihn zur ›Villa Nazionale‹ und stöhnt nun unter den Erhaltungskosten

Riviera fiorita

Das Fest der ›blühenden Ufer‹ findet am zweiten Sonntag im September auf dem **Brenta-Kanal** *statt. Ähnlichkeiten mit der ›Regata Storica‹, die eine Woche vorher den Canal Grande in Venedig mit turbulentem Leben füllt, drängen sich zwar auf, doch dies ist das Fest der* **Terra ferma**, *des ländlichen Venedig. Es verlegt den Pomp und Prunk venezianischer Feste in das Ambiente von melancholischen Weidenbäumen und blühenden Gärten, in die weiträumige, erdverbundene, feriale Wahllandschaft der großen venezianischen Familien. Am Festtag ergreift das Volk vom Kanal Besitz, kleidet sich in historische* **Kostüme**, *spielt Doge, Edelfrau und Gefolge und schippert in geschmückten* **Gondeln** *und Booten jeder Art, begleitet von prächtigen* **›Bissone‹** *(Prachtbarken), die Venedig borgt, über den Brenta-Kanal zwischen Strà und Malcontenta. Oft liegen die Boote so dicht, daß der gewundene Kanal einer bunten Straße gleicht.*

kenzyklus ›Die Metamorphosen des Ovid‹ von Giambattista Zelotti – empfing man königliche Besucher, u. a. Frankreichs Heinrich III.

Verspieltes Rokoko kleidet die **Villa Widmann Foscari** (Führungen tgl. außer Mo) bei *Mira*. Die Widmans, umschwärmte Mäzene des Komödiendichters *Carlo Goldoni*, ließen den ›Triumph der Familie‹ neben dem ›Raub der Helena‹ in den Fresken des Festsaals verewigen.

Weitere Villen liegen zwischen Mira und **Dolo**, viele Fassaden schauen auf den Naviglio, große Namen lassen aufhorchen. Größte und eindrucksvollste ist die **Villa Pisani** (auch Villa Nazionale) in Strà (Führungen tgl. 9–13.30 Uhr). *Alvise Pisani*, Venedigs Botschafter im Paris Ludwigs XIV. und Doge von 1735 bis 1741, war an den Glanz des Hofes von Versailles gewöhnt. Daher gab er 1735 den schloßähnlichen Ausbau einer schon bestehenden Villa in Auftrag. Die mehrflügelige Anlage mit einer von Atlanten getragenen **Loggia** ähnelt tatsächlich einem *barocken Residenzschloß*. Vertreter der venezianischen Malschule des 18. Jh. – Jacopo Amigoni und Pietro Longhi – schmückten 32 Säle. *Giambattista Tiepolo*, der letzte große Meister des venezianischen Barock, malte in der **Sala del Ballo** einen leuchtend blauen Himmel, aus dem die Familie Pisani auf die Genien der Macht, des Friedens, der Künste und der Wissenschaften blickt. Sehenswert ist auch die **Sala delle Vedute** mit ihren gemalten Scheinausblicken.

Kulisse einer vergangenen Zeit: Venedigs ›Society‹ tanzte noch in der Villa Pisani unter den Deckenfresken Tiepolos, als der Glanz der Serenissima längst verblichen war

Ruhe, Stil und das Ambiente venezianischer Landrefugien bietet das luxuriöse Hotel Villa Margherita in Mira Porte

Praktische Hinweise

Information: AAST, Via Don Minzoni 26, Tel. 041 424973, Fax 041 423844

Hotel

*******Villa Margherita**, Mira Porte, Via Nazionale 416, Tel. 041 4265800, Fax 041 4265838. Nobles, stilvolles Hotel am Brenta-Ufer in einer ehemaligen Landvilla aus dem 17. Jh.

Restaurants

Margherita, Mira Porte, Via Nazionale 312 (200 m vom gleichnamigen Hotel entfernt), Tel. 041 420879. Moderne Küche mit viel Phantasie (Di abend und Mi geschl.).

Nalin, Via Novissimo 29, Tel. 041 420083. Gute Adresse für Liebhaber von Fisch und Meeresfrüchten (So und Mo abends geschl.).

14 Padua

Plan Seite 62

Die alte Universitätsstadt bewahrt venezianische Atmosphäre, Meisterwerke toskanischer Künstler und das Gedenken an den hochverehrten hl. Antonius.

Padua, die **Hauptstadt Venetiens** im Norden der Colli Euganei und westlich der Lagune, vom *Bacchiglione* durchflossen, durch Kanäle mit Brenta, Adige und Po verbunden, zeigt eine der schönsten Stadtlandschaften Italiens.

Geschichte Einem Mythos zufolge wurde Padua vor 3000 Jahren von *Antenor*, der nach dem Fall Trojas Zuflucht im oberitalienischen Sumpfland fand, gegründet. Als der Dichter Lovato de Lovati um 1274 das Grab eines antiken Kriegers entdeckte, schien sich der Mythos bestätigt zu haben, und 1284 wurden die rätselhaften Gebeine in einem Prunksarg bestattet. Nun findet man die **Tomba di Antenore** ① als Kuriosität im Stadtzentrum, nahe der Universität. Das römische **Patavium** (ab 215 v. Chr.), Geburtsort des Geschichtsschreibers *Titus Livius* (59 v. Chr. – 17 n. Chr.) erlebte seine erste Glanzperiode in der **Kaiserzeit**. Als wichtiger *Verkehrsknotenpunkt* wurde es durch Handel, vorwiegend mit Wolle, reich. Die römische Stadt ging im Ansturm der Hunnen und Langobarden unter. Nach chaotischen Jahrhunderten der neuerlichen Stadtgründung, des Widerstandes gegen die Reichsgewalt und Friedrich I. Barbarossa, nach einem vernichtenden **Brand** im Jahre 1174, konnte sich Padua erst ab dem 13. Jh. etwas erholen.

Trotzige, sich in ihren Freiheiten eingeschränkt fühlende Professoren aus Bologna gründeten 1222 die **Universität von Padua**. An ihr lehrte u. a. der ›Doctor universalis‹ *Albertus Magnus*. Ebenfalls im 13. Jh. hielt der Franziskanermönch und spätere Lieblingsheilige der Italiener, **Antonius** gen. **Il Santo**, in Padua seine Bußpredigten. 1232, ein Jahr nach seinem Tod, begann man mit dem Bau seiner *Grabeskirche*. 1302–06 entstand die Cappella degli Scrovegni, die der Florentiner Meister **Giotto di Bondone** (1266–1337) ausmalte. Mit ihm etablierte sich Padua als **Kunststadt**. Mit der Herrschaft der Familie **Carrara** brach im Stadtstaat eine emsige Bautätigkeit an, die auch unter venezianischer Oberhoheit (1405–1797) nicht versiegte. Der Bildhauer *Donatello* (1386–1466) arbeitete 1443–53 in Padua. 1448 kam der 17jährige *Andrea Mantegna* (1431–1506) in die Stadt. 1509 entstanden die **Stadtmauern** mit ihren Toren und Bastionen, die heute zu den bedeutendsten Europas zählen.

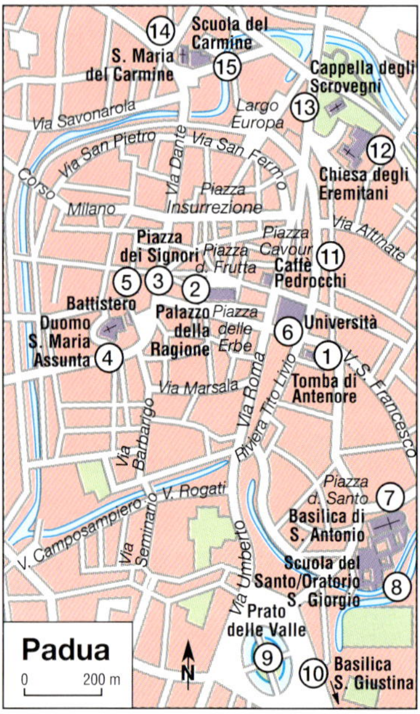

Padua im Mittelalter

Der **Palazzo della Ragione** ②, das große mittelalterliche Rathaus, steht dominierend in einem Geflecht von malerischen Marktplätzen. An der Süd- und Nordseite öffnet er sich mit vielen Loggien der **Piazza delle Erbe** und **Piazza della Frutta**, im Westen setzt die **Piazza dei Signori** das mittelalterliche Stadtensemble fort.

Der **Palazzo** (Feb.–Okt. tgl. außer Mo 9–18 Uhr) entstand im 13. Jh. als *Rats- und Gerichtsgebäude* und erhielt im 14. Jh. sein erstaunliches kielförmiges Dach. Im ehem. **Gerichtssaal** vertrat einst der *hl. Antonius* die Sache zahlungsunfähig gewordener Schuldner. Im Riesensaal des Obergeschosses (80 m lang), dem das gesamte Gelände den Namen **›Il Salone‹** verdankt, malte einst *Giotto* Gestirne und Planeten als leuchtenden Deckenschmuck. Dieses Werk ging 1420 durch Brand verloren. Statt dessen wurden die Wände mit einem großen, mit astrologischen Motiven angereicherten **Freskenzyklus** von Giusto de'Menabuoi und Nicolò Miretto geschmückt. Im Salone steht ein großes *Holzpferd*, Kopie des Standbilds vor der Basilica di Sant' Antonio [s. S. 63].

Westlich des Palazzo präsentiert die **Piazza dei Signori** ③ mit ihren Laubenhäusern, der *Loggia della Gran Guardia* (1496), dem *Palazzo del Capitanio* und dem *Arco dell' Orologio* mit einer der ältesten Turmuhren Italiens (1427/37), venezianisches Ambiente. Durch das Tor gelangt man auf die Piazza Capitaniato mit der Loggia del Capitanio und dem **Livano**, einem von der Universität genutzten Gebäude mit der freskengeschmückten Sala dei Giganti und der bemerkenswerten Loggia Carrarese (beide 14. Jh.).

Der Triumphbogen Arco Vallaresso leitet zur Piazza del Duomo über. Der **Duomo S. Maria Assunta** ④ (tgl. 7.15–12 und 15.45–19.30 Uhr) wurde im 16. Jh. nach Plänen *Michelangelos* über Vorgängerbauten errichtet. Der dreischiffige **Innenraum** ist ebenso schlicht wie das Äußere. Beachtenswert

Marktstände auf der Piazza delle Erbe lassen Paduas mächtigen Palazzo della Ragione – früher Gerichtsgebäude – gemütlicher und freundlicher erscheinen

sind das von Andrea Bonazza skulpierte *Weihwasserbecken*, die *Grabmäler* der Bischöfe, *Gemälde* von Francesco Bassano und Giandomenico Tiepolo u. a. sowie ein reicher *Kirchenschatz* in der Sagrestia dei Canonici. Das benachbarte **Battistero** ⑤ (tgl. 9.30–13 und 15–18 Uhr) im romanisch-lombardischen Stil entstand im 12. Jh. neben dem damaligen romanisch-gotischen Dom. Kostbar ist der **Freskenzyklus**, an dem Giusto de'Menabuoi aus Florenz 1374–78 arbeitete. Die Überfülle von Szenen aus dem Alten und Neuen Testament kulminiert im **Kuppelfresko** des Weltenherrschers Christus Pantokrator. An der Ostseite der Piazza delle Erbe nimmt der **Palazzo del Bò** ein ganzes Geviert ein. Er war im 14. Jh. die Residenz der Carrara, brachte es später als Albergo del Bò (Gasthaus zum Ochsen) zu europäischer Berühmtheit und wurde im 16. Jh. zur **Universität** ⑥ umgebaut. Noch heute bewahrt das Gebäude das Flair der Wissenschaft, z. B. in jenem armseligen *Holzkatheder*, von dem **Galileo Galilei** (1592–1610) Physik lehrte, in den goldgeränderten Adelswappen aus dem 16. und 17. Jh., in der Aula Magna und im **Teatro Anatomico**, das der berühmte Pathologe Girolamo Fabrizi d'Acquapendente, Entdecker der Funktion der Blutgefäße, vor einem halben Jahrtausend einrichten ließ. Sehenswert ist auch der **Innenhof** des Palazzo im Stil der Renaissance.

Gelehrtenschläue erfand den versenkbaren Seziertisch im Teatro Anatomico, dem medizinischen Lehrsaal der Universität

Stadt der Heiligen

Die **Basilica di Sant'Antonio** ⑦, auch Il Santo gen., an der Piazza del Santo (tgl. 6.30–19 Uhr) wird alljährlich von 4 Mio. *Pilgern* besucht.

Seitlich der Kirche steht *Donatellos* berühmtes Reiterstandbild des **Gattamelata**, eines Condottiere mit schnellem Schwert und schneller Zunge, den man wegen seines Geschicks die ›gefleckte Katze‹ nannte. Als Vorbild dien-

Auf Donatellos kräftigem Bronzepferd sitzt Condottiere Gattamelata hochmütig, helmlos und cäsarengleich in römischer Rüstung

te Donatello wohl die antike Reiterstatue des *Mark Aurel* in Rom. Mit dem Gattamelata goß Donatello 1453 das erste freistehende Bronzemonument der Neuzeit. Das Reiterstandbild erhebt sich würdevoll mit dem Rücken zur Kirche. Das *Grabmal* des Condottiere ist im Gotteshaus rechts von der Sakramentskapelle zu finden.

Die **Basilika** entstand ab 1232 in drei Bauphasen und zeigt eine kühne Mischung aus romanisch-lombardischer Fassade, gotischem Chor, acht byzantinischen Kuppeln, die an die Silhouette von San Marco in Venedig erinnern, und schlanken, minarettartigen Glockentürmen. Durch das **Hauptportal** mit dem Tympanonfresko, einer Kopie des Originals von Andrea Mantegna (1452), betritt man den weitläufigen dreischiffigen **Innenraum**. Links vom Eingang passiert man einige Grabdenkmäler und gelangt zum linken Querschiff mit der **Cappella dell' Arca del Santo** (1500–35). Im Altar sind die Gebeine des hl. Antonius bestattet. Die Wände des Altars sind mit neun *Hochreliefs* geschmückt, die über Leben und Wundertaten des Heiligen berichten. Sie stammen von Antonio und Tullio Lombardo, Antonio Minello und Jacopo Sansovino. An der etwas zurückliegenden Cappella dei Conti vorbei mit einem Freskenzyklus von Giusto de'Menabuoi gelangt man zum **Hochaltar**, der 1895 aus Skulpturen und Reliefs Donatellos neu zusammengestellt wurde: 1443–53 schuf der Meister der florentinischen Frührenaissance in Padua jene Werke, z. B. den ›Schmerzensmann‹, die ›Musizierenden Engel‹, die ›Wunder des hl. Antonius‹ und die ›Thronende Maria mit den hll. Antonius und Franziskus‹. Im rechten Querhausarm kann man in der *Cappella S. Felice* Fresken von Altichiero da Zevio (14. Jh.), einem Nachfolger Giottos, sehen. Im Mittelpunkt

Besitzergreifende Frömmigkeit ließ die Paduaner den in Lissabon geborenen Fra Antonio als Stadtheiligen adoptieren. Nach seinem Tod wurde die Basilika S. Antonio errichtet

Die Basilika S. Antonio fasziniert durch ihre reiche Ausstattung. Ein Giotto-Schüler schuf im 14. Jh. den Freskenzyklus der Cappella S. Felice – im Zentrum die Kreuzigung Christi

der eindrucksvollen Darstellungen der Passion Christi erscheint die ›Kreuzigung‹.

Die **Scuola del Santo** ⑧ an der Südseite der Piazza del Santo (tgl. 9–12.30 und 14.30–19 Uhr, im Winter bis 17 Uhr) bewahrt in ihrem Kapitelsaal einen **Freskenzyklus** des 16. Jh. Drei der Fresken werden *Tizian* zugeschrieben. Mit Wandgemälden des Altichiero da Zevio vollständig ausgeschmückt ist das **Oratorio San Giorgio** ⑧, eine kleine romanische Familienkapelle, die gegen Ende des 14. Jh. entstand.

Südwestlich liegt **Prato della Valle** ⑨, einst römischer Theaterplatz, heute ein grünes, von einem Kanal umgebenes Oval mit alten Platanen und Standbildern berühmter Bürger Paduas. Er leitet zur **Basilica S. Giustina** ⑩ über. Sie wurde im 15./16. Jh. an der Stelle errichtet, wo bereits im 6. Jh. die Grabeskirche der 304 hingerichteten *hl. Justina* gestanden hatte. Der Patrizier Opilio ließ der Märtyrerin eine kostbare, mosaikgeschmückte Kirche errichten, die 1117 durch ein Erdbeben völlig zerstört wurde. Ein Wiederaufbau im romanisch-gotischen Stil diente offenbar nur als Zwischenlösung. 1498 erfolgte ein Neubau, dessen Fertigstellung sich bis zum Ende des 16. Jh. hinzog.

Heute ist die Basilika die **größte Renaissancekirche** Venetiens: ein rauher Backsteinbau mit einer schmucklosen Fassade, der von Kuppeln und einem hohen Campanile überragt wird. Der **Innenraum** ist nüchtern, aber elegant, feierlich und wuchtig, mit erstaunlichen Lichteffekten. Zu den Kostbarkeiten der Kirche zählt das **Presbyterium** mit einem großartigen, von Riccardo Taurigni um 1560 geschnitzten Chorgestühl und dem Hochaltarbild ›Martyrium der hl. Justina‹ von Paolo Veronese.

Stadt der Maler

Vom berühmten **Caffè Pedrocchi** ⑪, wo sich seit 1831 ganz Padua trifft, gelangt man über die Piazza Cavour, Via Garibaldi und Via Mantegna zur Piazza Eremitani mit der **Chiesa degli Eremitani** ⑫ (Mo–Sa 8.15–12.15 und 16–18, So 9.30–12.15 und 16–18 Uhr). Der frühgotische Bau (13. Jh.) mit den Grabdenkmälern des Ubertino und Giacomo da Carrara wurde 1944 von alliierten Bomben schwer getroffen. Der originalgetreue Wiederaufbau stellte zwar die in Kielform gehaltene *Holzdecke* von Fra Giovanni Eremitano wieder her, aber der wertvolle Freskenschmuck war unwiederbringlich verloren. Die Fragmente der **Fresken** im Chor werden dem paduanischen Maler Guariento (14. Jh.) zugeschrieben. Am Ende des rechten Seitenschiffs gelangt man in die **Cappella Ovetari**, die einst mit Fresken des jungen *Andrea Mantegna*, des Niccolò Pizzolo und Ansuino da Forlì geschmückt war. Die Freskenreste von Mantegnas ›Martyrium des hl. Christophorus‹ und ›Mariä Himmelfahrt‹ geben eine Vorstellung vom einstigen Glanz und vom Können des Malers.

Im Arena-Park liegt das gotische Backsteinkirchlein **Cappella degli Scrovegni** ⑬ (Feb.–Okt. 9–19 Uhr, Nov.–Jan. 9–18 Uhr), ursprünglich S. Maria della Carità oder dell' Arena genannt. Die Paduaner Familie *Scrovegni*, durch Wuchergeschäfte im ausgehenden 13. Jh. zu unermeßlichem Reichtum gelangt, hatte auf dem Gelände der *römischen Arena* einen Palast erbaut. Schuld und Angst vor Höllenqualen ließ sie vermutlich neben dem Palast die Kapelle errichten. Daß man für die Ausmalung **Giotto di Bondone**, den größten Künstler und Neuerer seiner Zeit, nach Padua holte, war ein Glücksfall. Giotto schuf mit seinen **Fresken** (um 1305) in der äußerlich schlichten Kapelle eines der berührendsten Kunstwerke des ausgehenden Mittelalters. Der tonnengewölbte Raum – bis auf die *Madonnenstatue* des Giovanni Pisano am Altar mit dem kunstvollen *Sarg* des Kirchenstifters –, äußerst einfach eingerichtet, wurde einschließlich Sternenhimmel und Deckenmedaillons von Giotto und seinen Schülern ausgeschmückt.

Über einem Blendrelief mit **Grisaillemalereien**, die links das Antlitz des Lasters und rechts jenes der Tugenden zeigen, sind die **Seitenwände** mit Bildern bedeckt, die in Streifen gegliedert, von Schmuckbändern gerahmt, das **Leben Christi** und **Mariens** erzählen. Die Chronologie der Bildreihe beginnt an der rechten Wand links oben mit der ›Vertreibung Joachims aus dem Tempel‹, endet an der linken Wand unten mit dem ›Pfingstwunder‹ und geht an der **Eingangswand** in die monumentale Darstellung des ›Jüngsten Gerichts‹ über. Hier ist unter den Auferstandenen *Enrico Scrovegni* bei der Übergabe seiner Kapelle an die Barmherzigkeit dargestellt. Die Fresken im **Chor**, Tod, Himmelfahrt und Krönung Mariens, sind das Werk eines Giotto-Schülers. Die **berühmtesten Kompositionen** Giottos sind ›Der Judaskuß‹, ›Die Kreuzabnahme‹ und ›Das Jüngste Gericht‹. Sie machen Giottos Entwicklung vom strengen byzantinischen Stil, der sog. *maniera greca*, zur wirklichkeitsorientierten, lebendigen Bildsprache des Trecento (14. Jh.) deutlich, dessen unbestrittener Meister er ist.

Über Via Giotto und Via del Carmine kommt man zur *Piazza Petrarca* mit der Kirche **S. Maria del Carmine** ⑭. Das

In zarten Farben malte Giotto das Abendmahl in der Scrovegni-Kapelle

Unter dem gestirnten Himmel der Scrovegni-Kapelle erzählen Giottos meisterhafte Fresken Szenen aus dem Leben Mariens und der Passion Christi

ursprünglich romanische Gotteshaus wurde mehrfach umgebaut und ist im Stil der Frührenaissance erhalten geblieben.

In der benachbarten **Scuola del Carmine** ⑮ (tgl. 7–12 und 16–19.30 Uhr, Auskunft in der Sakristei) ist der große restaurierte **Freskenzyklus** von venetischen Künstlern des 16. Jh. sehenswert.

Praktische Hinweise

Information: APT, Riviera dei Mugnai 8, Tel. 04 98 75 06 55, Fax 049 65 07 94

Parkplätze: für Basilica di S. Antonio und S. Giustina – Prato della Valle; für Cappella Ovetari und Cappella degli Scrovegni – Piazza Eremitani. Parkgaragen im **Zentrum**: Via S. Martino, Via Patriarcato

Hotels

******Plaza**, Corso Milano 40, Tel. 049 65 68 22, Fax 049 66 11 17. Komfortabel, im Bereich des Altstadtzentrums.

*****Donatello**, Via del Santo 102/4, Tel. 04 98 75 06 34, Fax 04 98 75 08 29. Kleines Haus gegenüber der Basilika mit Terrassenrestaurant.

Restaurants

San Clemente, Corso Vittorio Emanuele II 142, Tel. 04 98 80 31 80. Feinschmeckerrestaurant mit der Atmosphäre eines Jagdhauses aus dem 16. Jh. Kulinarische Überraschungen. Voranmeldung erforderlich.

Antico Brolo, Corso Milano 22, Tel. 049 66 45 55. Romagnolische Küche auf hohem Niveau.

Da Giovanni, Via Maroncelli 22, Tel. 049 77 26 20. Stilvoll und elegant, traditionelle Küche (So geschl.).

Belle Parti, Via Belle Parti 11, Tel. 04 98 75 18 22. Sehr gepflegtes Lokal im Zentrum, venezianische und paduanische Küche.

15 Chioggia

Kanäle, ›bragozzi‹ und kleine Häuser, die sich dem Leben öffnen.

Die Zufahrt von der Strada Romea führt über den 200 m langen *Ponte Lungo* bis ins Herz der Stadt. Chioggia ist eine Art malerisches *Klein-Venedig* am Südende der Laguna Veneta, von drei parallelen Kanälen durchflossen. Die schöne barocke Stadt auf langen, schmalen Inseln mit vielen Brücken und vielen ›bragoz-

Venezianische Züge bekommt Chioggia am Canale Vena: überall Boote, gewölbte Brücken – und die Häuser stehen mit den Fundamenten im Wasser

zi‹ – den bunten Booten, die leider ihre Segel aufgegeben haben – lebt seit jeher von *Fischfang* und *Seefahrt*. In dem unendlichen Gewirr der bunten, lebendigen calli (Gassen) »liegt eingeschlummert eine verzweifelte Trauer und will von vergangenen Zeiten erzählen« (Hermann Hesse).

Mit Sicherheit war Chioggia, das römische **Clodia Major**, eine jener Siedlungen, in der Flüchtlinge aus Este und Monselice in schweren Zeiten Unterschlupf fanden. Stellvertretend für die Serenissima ließ der genuesische Admiral *Andrea Doria* 1379 Chioggia zerstören. Der Krieg der Seemächte Genua und Venedig endete jedoch mit dem Sieg der Venezianer. Das einst mächtige Chioggia blieb für immer im Schatten der Serenissima. Kein Wunder, daß die dupierten Chiozzoti den ungeliebten **Markuslöwen** auf der *Piazzetta Vigo* noch heute ›Il Gatto‹ (Kater) nennen.

Der teilweise autofreie **Corso del Popolo** durchzieht die Stadt von Süden nach Norden. Wie Fischgräten gehen von ihm malerische Nebengäßchen über den Canale Vena zum Canale San Domenico und nach Westen zum Canale Lombardo aus. Die wichtigsten Sehenswürdigkeiten liegen an der Westseite des Corso im Perottolo-Viertel: das alte Stadttor **Porta Garibaldi** (1530), der **Campo del Duomo**, malerisch mit barocken Statuen geschmückt, Baldassare Longhenas Duomo **S. Maria Assunta** im maßvollen Spätbarock und die kleine gotische Chiesa **San Martino**, deren Polyptychon Paolo Veneziano 1349 noch ganz im byzantinischen Stil Venedigs malte.

Etwas weiter nördlich stößt man auf den Oratorio di San Francesco, und gegenüber steht das Haus der Malerin *Rosalba Carriera* (1675–1757), deren feine Pastellbildnisse in der venezianischen Ca'Rezzonico hängen. Zu ihren Hausgästen zählte der Komödiendichter *Carlo Goldoni* (1707–1793), der hier ›Le Baruffe Chiozzotte‹, ›Krach in Chioggia‹, schrieb. Entlang des Corso del Popolo liegen die **Chiesa della Trinità**, der **Palazzo Comunale**, der gotische Kornspeicher **Granaio**, den eine Madonnenstatue von Jacopo Sansovino schmückt, sowie der **Fischmarkt** und die barockisierte Chiesa **S. Andrea** mit dem freistehenden romanischen Campanile. Am Ende des Corso, bei der Piazzetta Vigo, wölbt sich der *Ponte Vigo* über den Canale Vena. Zauberhaft ist der Ausblick über den Kanal, die Brücken, die Boote und die Marktstände an der Riva Vena. Den Canale San Domenico überquerend (Calle S. Croce) gelangt man zur Chiesa **San Domenico** (14.–18. Jh.) auf der gleichnamigen Insel. Zu ihren Schätzen zählen eine ›Kreuzigung‹ von Tintoretto und ›Der hl. Paulus‹ (1520) von Vittore Carpaccio.

Sottomarina – wenn die Sonne scheint, nehmen die Urlaubsfreuden an der Adria kein Ende

Chioggia ist über die Calle San Giacomo, die Isola dei Cantieri und den 700 m langen Ponte Translagunare mit **Sottomarina** verbunden.

6 km lang und 200–500 m breit ist der **Badestrand**, der sich mit seinen vielen Hotels und Pensionen auch jenseits der Brenta-Mündung, in *Isolaverde*, fortsetzt. Bunt und turbulent ist das Badeleben in den Monaten Mai bis Oktober. Während dieser Zeit gelten nur wenige Gedanken den **›murazzi‹** an der Inselnordseite, dem 1,2 km langen und 4,5 m hohen Steindamm, den Venedig im 18. Jh. errichten ließ, um die winterlichen Sturmfluten in Schach zu halten.

Praktische Hinweise

Information: APT, Lungomare Adriatico 30019, Tel. 041 40 10 68, Fax 041 55 40 855

Hotel

*****Grande Italia**, Piazza Vigo 1, Tel. 041 40 05 15, Fax 041 40 01 85. Bestes Haus am Platz in bezaubernder Lage.

Restaurants

Mano Amica, Corso del Popolo (Piazzetta Vigo), Tel. 041 40 17 21. Für den Gaumen köstliche Fischgerichte, fürs Auge der Ausblick auf Hafen und Meer (Mo geschl.).

El Gato, Corso del Popolo (neben Chiesa S. Andrea), Tel. 041 40 18 06. ›Cucina chioggiotta‹ mit dem hier wachsenden Radicchio Rosso, viel frischem Gemüse und Muscheln von den Farmen in der Lagune (Mo geschl.).

Strandhotels in Sottomarina

[Saison: April/Mai bis Okt.]

******Bristol**, Lungomare Adriatico 48, Tel. 041 55 40 389, Fax 041 55 41 813. Modernes großes Haus mit Garten, Privatstrand und Swimmingpool.

*****Mosella**, Via San Felice 3, Tel. 041 40 08 62, Fax 041 40 53 92. Das Haus liegt an der nördlichen Inselspitze zwischen Lagune und Meer.

****Internazionale**, Viale Amerigo Vespucci 239/G, Tel. 041 49 07 77. Bescheidenes Haus mit Garten und Swimmingpool.

Restaurants in Sottomarina

Garibaldi, Via San Marco 1924, Tel. 041 55 40 042. Die Mahlzeiten werden vor den Augen der Gäste zubereitet. Seefahreratmosphäre. Regionaltypische Küche (Mo geschl.).

Ai Vaporetti, Co. Traghetto 1256, Tel. 041 40 08 41. Alte renovierte Gaststätte auf dem Ponte Translagunare. Fisch vom Holzkohlenfeuer, herrliche Aussicht über die Lagune (Mi geschl.).

Sprichwörtliches in Chioggia: Fische wollen dreimal schwimmen, im Meer, im Öl, im Wein. Der Fischmarkt ist eine große Verführung für Hobby-Köche

16 Rosolina Mare und Isola Albarella

Viel Grün, Pinienduft, Lagunenidylle.

Unmittelbar hinter dem *Ponte dell'Adige* zweigt von der Strada Romea eine ostwärts führende Straße nach Rosolina Mare ab. Hier, im Mündungsgebiet von Adige und Po, ist der **Polesine**, das ›Wasserland‹ der großen Po-Überschwemmungen. **Rosolina Mare** südlich der Foce dell'Adige, ein ausgedehntes Touristenressort mit allen modernen Freizeiteinrichtungen, liegt auf einer schmalen grünen Landzunge zwischen dem Meer, dem Valle Boccavecchia und Valle Passarella. Fischgründe prägen die Landschaft, wenige Meter tiefe Salzwasserbecken sowie Pinien- und Steineichenwälder, die man auf wunderschönen Radausflügen über die Valli-Straße entdecken kann. Organisierte Exkursionen von der Südspitze der Landzunge zum **Giardino Botanico di Porto Caleri** vermitteln dem Besucher Einblicke in die typische Küstenvegetation.

In Albarella erfüllt sich der moderne Traum von der ›anderen‹, der besonderen, der stilvollen Adria

Eine Wasserstraße trennt Rosolina Mare von der **Isola Albarella** (Zufahrt über Rosolina an der SS Romea und den Damm von Porto Levante). Die Insel, ganz und gar dem **qualitätvollen Tourismus** verpflichtet, schwelgt in wasserdurchsetzten Grünflächen, in Villen- und Ferienhaussiedlungen, in Tennisplätzen und einem **Golfplatz**. Im **Yachthafen** können 500 Boote liegen, der Autoverkehr ist stark eingeschränkt, man fährt mit der Inselbahn oder dem Fahrrad.

Praktische Hinweise

Information: Ufficio Informazioni, Via dei Ligustri 3, Tel. 0426 680 12, 0426 66 45 41, Fax 0426 66 45 43

Hotels

****Golf Hotel Albarella, Isola Albarella, Tel. 04 26 36 78 11, Fax 04 26 33 06 28. Modernes Haus mit Dependance, Restaurant und Gartenterrasse (geöffnet Juni–Sept.).

***Olympia, Rosolina Mare, Viale dei Pini 41, Tel. 0 42 66 80 57, Fax 0 42 66 82 84. Mit Restaurant und schattigem Garten (geöffnet April–Okt.).

Restaurants

ADAC, Rosolina Mare, Strada Nord 26, Tel. 0 42 66 82 97. Für alle, denen danach ist: hier wird deutsche Küche serviert.

Capo Nord, Isola Albarella, Tel. 04 26 33 01 39. Phantasievolle Gerichte. Obere Preisklasse (Mo geschl.).

17 Adria

Die Stadt, die dem Meer den Namen gab, ist durch die unermüdliche Tätigkeit des Po längst verlandet.

Bei Rosolina zweigt die SS 443 von der SS Romea nach Adria ab. Der maritime Name Adria täuscht. Die Hafenstadt der Veneter und Etrusker, das **Hatria** der Römer, war einst eine ansehnliche *Lagunenstadt* auf Pfählen, reich und so wichtig, daß sie dem Meer, an dem sie lag, ihren Namen gab.

Heute liegt der Ort mit seinen rund 20 000 Einwohnern gut 25 km von der Küste entfernt. Schuld daran ist die bereits seit der Antike ständig voranschreitende Verlandung des Podeltas. Nur der *Canalbianco* macht noch eine Anbindung an den Po und ans Meer möglich.

Wertvoll Altes gibt es im **Museo Archeologico Nazionale** zu sehen (Piazzale degli Etruschi, Mo–Sa 9–19 und So 14–19 Uhr). Die interessante Sammlung umfaßt griechische Keramiken, etruskische Bronzetti und etruskischen Goldschmuck, römische Grabsteine und venezianisches Millefioriglas.

Praktische Hinweise

Information: Piazza Bocchi 6, Tel. 0 42 64 25 54

Hotel

***Molteni, Via Ruzzina 4, Tel./Fax 0 42 64 25 20. Kleines gut eingerichtetes Haus, das beste im Ort.

18 Rovigo

Mittelpunkt des ›Wasserlandes‹.

Rovigo, über die SS 16 oder A 13 von Padua oder die SS 443 von Adria aus erreichbar, ist das wichtigste Städtchen einer Landschaft, die durch häufige **Überschwemmungen** von sich reden machte. Der Ort am Naviglio Adigetto, im Jahr 838 erstmals urkundlich erwähnt, stand lange im Schatten Adrias. Das stille Dorf **Rhodigo** blühte erst nach der Verlandung der Lagunenstadt auf. Im Mittelalter vorwiegend unter der Herrschaft der *Este*, die Kastell und Stadtmauern erbauten (heute Ruinen), fiel die Stadt 1483 an Venedig.

Der zentrale Platz Rovigos ist die langgestreckte **Piazza Vittorio Emanuele II**, die ein venezianischer Löwe – von einer istrischen Steinsäule aus – überblickt. Ins Auge fällt der **Palazzo del Municipio** (16.–18. Jh.) mit seiner anmutigen Loggia. Bemerkenswert ist auch der **Palazzo Roverella** im ferraresischen Renaissance-Stil.

Wichtigstes Ziel auf der Piazza ist jedoch der **Palazzo dell'Accademia dei Concordi** an der Ostseite. Die **Biblioteca dei Concordi** (Mo–Fr 9–12 und 15–17 Uhr, Sa und So 9–12 Uhr) zeigt hier überaus kostbare *Handschriften*, darunter die berühmte paduanische Bilderbibel ›Libro di Ruth‹ aus dem 14. Jh. mit 344 farbenprächtigen Miniaturen. Reich sind auch die Bestände der **Pinakothek**. Sie präsentiert Werke venezianischer, ferraresischer und veronesischer Meister des 15.–16. Jh. wie Giovanni Bellini, Quirizio da Murano, Palma il Vecchio und Palma il Giovane, Sebastiano Filippi und Girolamo da Carpi. Auch venezianische Maler des 17.–18. Jh. sind vertreten, u. a. Giovanni Battista Tiepolo, Alessandro Longhi und Rosalba Carriera.

Unter den Kirchen Rovigos ragt die ›La Rotonda‹ gen. Kirche **Beata Vergine del Soccorso** an der Piazza XX Settembre heraus. Francesco Zamberlan, ein Palladio-Schüler, schuf die Pläne für den Ende des 16. Jh. errichteten Bau mit dorischem Säulengang. In seltsamem Kontrast dazu steht der von Baldassare Longhena in Backstein erbaute **Campanile**. Ist der achteckige Bau der Rotonda außen eher schmucklos gehalten, wirkt der aus vergoldetem Holz errichtete *Tempietto-Altar* im **Innern** mit dem

Gnadenbild der ›Madonna del' Soccorso‹ ungemein dekorativ. Großformatige Bilder venetischer Maler aus dem 17. und 18. Jh. mit eingefügten Statuen bedecken die Wände.

Praktische Hinweise

Information: APT, Via H. Dunant 10, Tel. 04 25 36 14 81, Fax 0 42 53 04 16

Hotel und Restaurant

*****Villa Regina Margherita**, Viale Regina Margherita 6, Tel. 04 25 36 15 40, Fax 0 42 53 13 01. Angenehmes kleines Hotel mit Restaurant.

Ristorante Tre Pini, Viale Porta Po 68, Tel. 04 25 42 11 11. Freundliches Lokal jenseits des Canale Adigetto, nahe der Ausfahrt nach Ferrara. Spezialitätenküche (So und im Aug. geschl.).

19 Ferrara

Stadt des Hauses Este, kultureller Mittelpunkt Italiens im Mittelalter und in der Renaissance.

Ferrara, der Hauptort der gleichnamigen Provinz ist eine ruhige, schöne Stadt mit roten Backsteinhäusern. Sie liegt auf dem Schwemmland des Po. Ihr historisches Zentrum ist fast vollständig von einer z. T. gut erhaltenen **Stadtmauer** umgeben.

Geschichte Die mangelnde Frühgeschichte – Ferrara findet man 753 erstmals urkundlich erwähnt – wurde durch die Glanzperiode unter der Herrschaft des Hauses **Este** (1264–1597) ausgeglichen. Das Adelsgeschlecht, das seinen Namen von der 1050 erbauten Stammburg in Este (südlich von Padua) ableitete, bemächtigte sich Ferraras im 13. Jh. In der Verteidigung ihres Herzogtums gegen Widersacher waren die Este nie zimperlich. An ihrem Hof blühten aber auch Kultur, Literatur, Kunst und geselliges Leben. *Alberto d'Este* gründete 1392 die Universität. Unter *Alfonso I.* entwickelte sich die **Malschule von Ferrara**, der Künstler wie Dosso Dossi, Cosmè Tura, Benvenuto da Garofalo und Francesco del Cossa angehörten. An seinem Hof verbrachte *Ludovico Ariosto*, Autor des ›Orlando furioso‹ (Rasender Roland), viele Jahre. *Alfonso II.* (1533–1597) protegierte *Torquato Tasso*, ehe dieser dem Verfolgungswahn verfiel und auf Befehl des Herzogs ins Irrenhaus eingeliefert wurde. Aus Ferrara stammte der 1452 geborene **Fra Girolamo Savonarola**. Dieser fanatische und zugleich einflußreiche Bußprediger wurde 1498 auf der Piazza della Signoria in Florenz als Häretiker verbrannt.

Als die Este im 16. Jh. ohne legitime Nachkommen blieben und ihre vom Papst eingesetzten kirchlichen Nachfolger die Reichtümer und Kostbarkeiten des Fürstenhauses in alle Welt verstreuten, endete auch die Glanzzeit der Stadt.

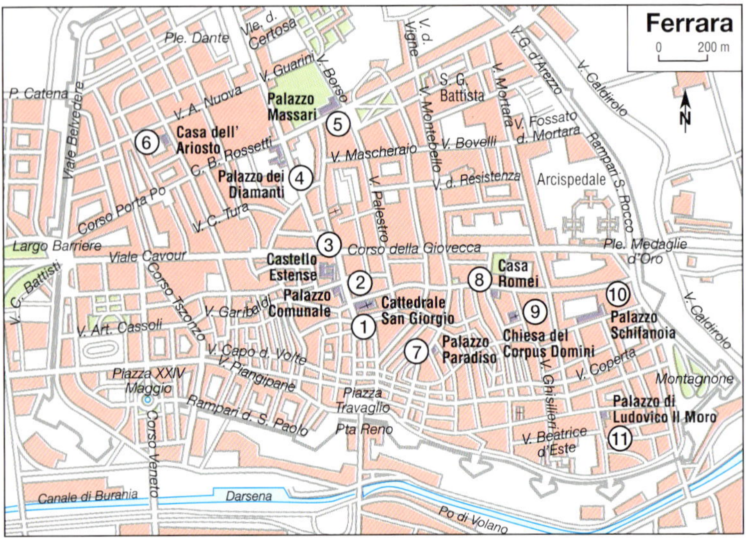

Als Synthese von Romanik und Gotik präsentiert sich die Fassade der Kathedrale von Ferrara. Die reich mit Reliefs und Skulpturen geschmückte Loggia über dem Hauptportal steht im Kontrast zum älteren Stil des Untergeschosses

Besichtigung Das älteste Bauwerk Ferraras ist die **Cattedrale San Giorgio** ① an der Piazza della Cattedrale. Ihr Bau wurde im romanischen Stil (12. Jh.) begonnen und 150 Jahre später im gotischen Stil fertiggestellt. Besonders eindrucksvoll ist die 1135 begonnene **Marmorfassade** mit den drei gleich hohen Bauteilen. Diese sind im unteren Teil romanisch, im oberen gotisch. Der reiche plastische Schmuck am **Hauptportal** zeigt romanische Skulpturen des Bildhauers Nicolò (1135) und – über einer Madonnenstatue des 16. Jh. – einen gotischen Architrav und Spitzgiebel mit Reliefdarstellungen. An der Südseite der Kirche wurde im Mittelalter ein **Portikus** mit einer langen Ladenzeile angebaut. Der **Campanile** (15. Jh.), vermutlich von Leon Battista Alberti entworfen, blieb unvollendet. Die reiche **Innenausstattung** mit Gemälden der Schule von Ferrara wurde im 18. Jh. barock ergänzt und neu arrangiert. Hervorzuheben sind die aus der Spätzeit Alfonso Lombardis stammenden bemalten *Terrakotten* ›Christus und die Apostel‹ (16. Jh.) im östlichen Querhaus und der ›Altare del Crocifisso‹ von Carlo Pasetti (1679).

Sehenswert ist auch das **Museo della Cattedrale** (Mo–Sa 10–12 und 16–18 Uhr) mit Plastiken des 12./13. Jh. sowie Werken von Cosmè Tura und Jacopo della Quercia.

Der **Palazzo Comunale** ② gegenüber der Kathedrale, einst Residenzschloß der Este mit einer im 20. Jh. erneuerten Fassade, leitet zum **Castello Estense** ③ am Corso Martiri della Libertà über. Das Castello (tgl. außer Mo 9.30–17.30 Uhr), ein Festungsbau von Bartolino da Novara im Stil einer *Wasserburg* mit Wallgräben und mächtigen Türmen, entstand im 14.–16. Jh. Der einst so glanzvolle ziegelrote Herzogshof ist längst verlassen. Nur einige *Säle*, in denen Wand- und Deckengemälde der Künstlerfamilie Filippi überdauerten, sind zugänglich.

Über den nordwärts führenden *Corso Ercole d'Este* mit seinen schönen Renaissancepalästen erreicht man den **Palazzo dei Diamanti** ④. Der vom ferraresischen Baumeister Biagio Rossetti im 16. Jh. errichtete Palast glänzt mit einer Fassade, die aus 12300 diamantförmig behauenen Marmorblöcken besteht. In den *Sälen* des Obergeschosses ist die **Pinacoteca Nazionale** (tgl. 9–14 Uhr) untergebracht. Die Sammlung umfaßt Hauptwerke der **Malschule von Fer-**

Ferraras Palazzo dei Diamanti beherbergt die Pinacoteca Nazionale

rara aus dem 15. und 16. Jh. Wenige Schritte entfernt, im **Palazzo Massari** ⑤ (Corso Porta Mare 5/9), befinden sich das *Museo Boldini* und die *Civica Galleria d'Arte Moderna* (tgl. 9–14 Uhr, feiertags geschl.). Giovanni Boldini (1842–1931) widmete sich in seinen Genre- und Porträtbildern den Damen der vornehmen Pariser Gesellschaft.

Westlich von hier liegt die **Casa dell' Ariosto** ⑥. In diesem bescheidenen Haus, heute Kulturzentrum (Mo, Mi 9–12.30, Di, Do 15–18.30 Uhr), lebte der Dichter bis zu seinem Tod. Das Grabmal Ariosts befindet sich im **Palazzo Paradiso** ⑦ an der Via Scienze. Dieses Lustschloß war ab 1392 Sitz der Universität. Hier ist auch die **Biblioteca Ariostea** mit wertvollen, historischen Büchern und Handschriften, z. B. Ariosts Manuskript des ›Rasenden Roland‹, untergebracht.

In der Via Savonarola 30 steht die **Casa Romei** ⑧ (15. Jh.), das Haus des Kaufmanns Romei. Das prächtige, in seinem Baustil zwischen Mittelalter und Renaissance angesiedelte Gebäude ist in das benachbarte Kloster Corpus Domini eingebunden. In der **Chiesa del Corpus Domini** ⑨ sind Mitglieder des Hauses Este, u. a. *Lucrezia Borgia*, beigesetzt.

In der Via Scandiana 23 steht der im 14./15. Jh. als Lustschloß errichtete **Palazzo Schifanoia** ⑩, in dem einst die Este glänzende Feste ausrichteten. Durch ein schönes doppelgeschossiges Marmorportal betritt man den Renaissance-Palast und das heute dort eingerichtete **Museo Civico di Schifanoia** (tgl. 9.30–19 Uhr). Besondere Beachtung verdient der berühmte **Salone dei Mesi** mit dem einzigartigen Freskenzyklus von Francesco del Cossa und seinen Schülern. Die *Monatsbilder* stellen den Ablauf des Jahres dar, verknüpft mit Symbolen der Astrologie, mythologischen Szenen und den Taten des Fürsten Borso d'Este.

So wuchtig, so wehrhaft, so machtvoll: Die mittelalterliche Festung zum Schutz der Familie D'Este erbaut, wirkt heute leer und verlassen

Verkörperung des April im Salone dei Mesi des Palazzo Schifanoia: Venus naht in einem von Schwänen gezogenen Schiff, vor ihr kniet der gefesselte Mars

In der Via XX Settembre 124 liegt der **Palazzo di Ludovico il Moro** ⑪, den Biagio Rossetti für Ludovico Sforza, Herzog von Mailand und Gemahl der Beatrice d'Este, entwarf. Bemerkenswert sind die Fresken von Garofalo in der *Stanza del Tesoro*.

Im 1. Stock des Palastes ist das sehenswerte **Museo Archeologico Nazionale** (Mai–Sept. tgl. außer Mo 9–14 Uhr) untergebracht. Zu den wichtigsten Exponaten zählen die Funde aus der Etruskerstadt Spina [s. S. 78].

Praktische Hinweise

Information: UIAT, Castello Estense, Tel. 05 32 20 93 70, Fax 05 32 21 22 66

Hotels und Restaurants

*******Duchessa Isabella**, Via Palestro 70, Tel. 05 32 20 21 21, Fax 05 32 20 26 38. Stilvolles Haus mit Restaurant in einem alten Palais des 15. Jh. (1.8.–25.8. geschl.).

******Annunziata**, Piazza Repubblica 5, Tel. 05 32 20 11 11, Fax 05 32 20 32 33. Gediegenes Haus ohne Restaurant mitten im Stadtzentrum.

Ristorante Quel Fantastico Giovedì, Via Castelnuovo 9, Tel. 05 32 76 05 70. Ungemein beliebtes Lokal mit phantasievoller Küche. Mittlere Preislage, Voranmeldung notwendig (Mi und 10. Juli–10. Aug. geschl.).

20 Delta del Po

Top Tip

Das Land liegt tiefer als der Fluß.

Dichter besangen ihn einst als ›König der Flüsse‹. Der Po legt von den Cottischen Alpen bis zum Meer 652 km zurück. Die einmündenden *Nebenflüsse* aus Alpen und Apennin bescheren ihm die unregelmäßige Wasserführung, den Hang zu Überschwemmungen, die Bereitschaft zur Versandung, die eigenwilligen *Laufveränderungen*. Siebenfach geteilt und verästelt (Po di Levante, Po di Maistra, Po delle Pila, Po delle Tolle, Po di Gnocca, Po di Goro, Po di Volano) nimmt sein **Delta** das Meer in die Arme. Die Landschaft östlich von **Contarina** ist flach, träge, instabil, amphibisch. Der ›fiume pensile‹, der hängende Fluß, schafft mit seinem Geschiebe Neuland, Dünenketten und Inseln. Schon im 16. Jh. erkannte der venezianische **Magistrato delle Acque** die Gefahren für das unter dem Meeresspiegel liegende Delta. Hohe Deiche, Kanäle, Schleusen, Gräben sollen den Po unter Kontrolle halten, große Flächen wurden im Rahmen der ›Bonifica‹ urbar gemacht. Die **Valli**, jene flachen Wasserbecken, werden als Fischzuchtgebiete gepflegt. Naturnaher Tourismus erschließt im Delta das größte **Feuchtbiotop** Italiens: schmale Kanäle, Wälder aus Schilf, wo die ›Grisoleri‹ (Rohrschneider) arbeiten, eine Art *Watt* mit unberührter Flora und eine spektakuläre *Vogelwelt*. Mit **Booten** (ab Porto Tolle, Goro, Gorino) dringt man am tiefsten in die seltsame Deltawelt ein, die

Top Tip

Wo der Po auf die Adria trifft, wie hier bei Porto Levante, im Wechselspiel von Auseinander- und Zusammenfließen, löst sich das Land auf und wird amphibisch

bei den Leuchttürmen von Pila und Goro ihr Ende findet. **Erkundungsfahrten** mit dem Auto lohnen sich von Contarina ans Landende bei Pila und von Taglio di Po bis Porto Tolle oder Goro und Gorino.

Praktische Hinweise

Information: APT Delta del Po, c/o s. Adria IAT Pro Loco, Porto Tolle, Piazza Cicernacchio 2, Tel. 0426811 50

Hotels

*****Delta Park**, Porto Viro bei Contarina, Via Zara 12, Tel./Fax 0426631763. Hübsches Haus, gutes Restaurant, lokale Spezialitäten.

*****Hotel Tessarin**, Taglio di Po, Piazza Venezia 4, Tel. 0426346347, Fax 0426346346. Modernes großes Hotel mit Restaurant.

Restaurant

I due Leoni, Ariano nel Polesine, Corso del Popolo 21, Tel. 0426372129. Historisches Restaurant in einer alten Posthalterei. Aal- und Wildspezialitäten (Mo geschl.).

Top Tip 21 Abbazia di Pomposa

Romanische Kunst, klassische Konzerte.

Die SS Romea verläuft über Contarina und Mesola mit dem Este-Schloß Castello della Mesola (heute Zentrum der Umweltschutz-Erziehung) östlich vom berühmten **Gran Bosco della Mesola**, einem mediterranen Wald, in dem Damhirsche grasen, nach Pomposa.

Benediktinermönche gründeten die **Abbazia S. Maria di Pomposa** im 7. Jh., inmitten von Auwald und Schilf. In der Gunst von Päpsten und Kaisern blühte das Kloster auf, wurde mächtig und reich – ein blühendes Zentrum des Geistes- und Kulturlebens. *Guido d'Arezzo* (992–1050), der die Grundlagen der Notenschrift schuf, lebte einige Zeit hier, Kaiser Friedrich Barbarossa kam 1171, *Dante Alighieri* besuchte 1321 die Abtei.

Im 13. Jh. veränderte der Po seinen Lauf, ein Dammbruch vernichtete die blühende *Landwirtschaft* des Klosters. Im 14. Jh. verließen die Mönche die malariaverseuchte Region und zogen sich nach Ferrara zurück. 1652 wurde die Abtei aufgelöst, und erst im 19. Jh. begannen umsichtige **Restaurierungsarbeiten** an dem aus Kirche, Dormitorium, Refektorium und Palazzo della Ragione bestehenden Ensemble.

Aus dem 7.–9. Jh. stammt der romanische Kern der in verschiedenen Rottönen gehaltenen Abteikirche **S. Maria Pomposa** (tgl. 7.30–19 Uhr). Gleichzeitig mit dem im 11. Jh. angebauten, sich in Arkaden öffnenden **Narthex** entstand der hohe, romanische *Campanile*. Der **Innenraum**, mit einem vortrefflichen *Mosaikboden* (11. Jh.) ausgelegt, steigt über antiken Säulen mit wundervoll gearbeiteten Kapitellen zum *Obergaden* auf, wo **Fresken** (14. Jh.) in rundumlaufenden Bildstreifen Geschichten aus dem Alten und Neuen Testament erzählen und sich in der **Apsis** zu einem grandiosen Bild von Christus in der Glorie treffen. Als Schöpfer der Apsisfresken gilt **Vitale da Bologna**. Wie Restaurierungsarbeiten erwiesen, liegt eine ältere gotische Freskenschicht darunter, doch nur ein kleiner Teil konnte bisher gesichert werden.

Freskenschmuck sieht man auch im **Kapitelsaal**, u.a. eine eindrucksvolle ›Kreuzigung‹, vermutlich von einem Schüler Giottos, und im **Refektorium**: Meister aus Rimini malten im 14. Jh. ›Das letzte Abendmahl‹, ›Das Mahl des hl. Guido‹, bei dem der Abt von Pomposa auf wunderbare Weise Wasser in Wein verwandelt, und ›Christus zwischen Maria und Heiligen‹. Im einstigen **Dormitorium** sieht man Fresken und Freskenreste.

Als seltenes Beispiel weltlicher Architektur des 11. Jh. gilt der **Palazzo della Ragione** gegenüber der Abbazia di Pomposa, in dem die Äbte Recht sprachen. Dem heutigen Erscheinungsbild haben Restauratoren ganz erheblich nachgeholfen. Im Sommer finden im Komplex klassische Konzerte statt, die gut besucht sind.

Bei *Passo Pomposa* zweigt eine Nebenstraße, die dem Po di Volano folgt, nach *Volano* ab. Im Süden liegt die 2000 ha große **Valle Bertuzzi**, die von einigen Landstreifen mit Korkeichenwäldern durchsetzt ist. Reich ist die Fisch- und Vogelwelt dieser Landschaft.

Vom Ferienort **Lido di Volano** aus zieht ein mit vielen Pinien besetzter *Strandstreifen* über den Lido delle Nazioni, Lido di Pomposa und Lido degli Sacchi nach Porto Garibaldi mit dem Touristenhafen Marina degli Estensi.

Praktische Hinweise

Information: Palazzo della Ragione, Abbazia di Pomposa, Tel. 05 33 71 91 11

Restaurant

Abbazia, Via Pomposa Centro, Tel. 05 33 71 90 97. Touristenrestaurant bei der Abtei (Mo geschl.).

Christus in der Glorie mit Engeln: Blick in die Apsis der Abteikirche von Pomposa

22 Comacchio und Spina

Idyllische Kanalstadt in einer Wasserlandschaft mit etruskischer Vergangenheit.

Das kleine malerische Comacchio, eine ›Wasserstadt‹ in einem Netzwerk von Kanälen, wurde in der Spätantike an der ursprünglichen **Mündung des Po** gegründet. Es lebte vom *Salz*, vom Orienthandel, von der Kontrolle des Adriaverkehrs. Im 8. Jh. war seine **Flotte** die wichtigste im Exarchat, und Venedig sah die Konkurrenz wachen Auges. Zweimal ließen seine Dogen Comacchio zerstören und die Bewohner deportieren. Im 12. Jh. hatte sich der Lauf des Po nach Norden verschoben. Damit war die Stadt ihrer Lebensgrundlage beraubt und blieb isoliert in der Landschaft der Valli zurück. Erstmals 1870 und zum zweiten Mal 1960 wurden große Gebiete der Mezzano-Lagune urbar gemacht.

Prunkstück des historischen Stadtzentrums ist der **Trepponti**, eine erstaunliche Anlage aus fünf zusammenlaufenden *Brückentreppen*, die der Ravennate Luca Danese 1634 entwarf. Schön ist der Ausblick vom höchsten Punkt der Brücke auf die Kanäle, die barocken Palazzi, die Boote, auf den traditionellen

Fast zu gewaltig wirkt die originelle, nach dem Willen eines eitlen Kardinals angelegte Brücke Trepponti mitten im bescheidenen Fischerstädtchen Comacchio

Fischmarkt **Pescheria** und die kleinen, vielfarbigen Häuser der Stadt.

Ein Rundgang führt über die Via Pescheria zum **Ponte degli Sbirri** (Häscherbrücke) und zur Hauptstraße **Via Cavour**. Hier dient die **Torre dell' Orologio**, der im 19. Jh. eingestürzte, doch wieder aufgerichtete Uhrturm, als Wegweiser. Über die Piazzetta Ugo Bassi mit der Loggia dei Mercanti (1621) gelangt man zur **Cattedrale di San Cassiano** (17. Jh.) und über den Corso Mazzini zum **Loggiato dei Cappuccini**, einer von 143 Marmorsäulen getragenen Halle sowie zum Santuario di S. Maria in Aula Regia.

Westlich von Comacchio, an der Straße nach Argento, wurden in der Bonifica di Valle Pega die Ruinen der etruskischen Stadt **Spina** und ihre Nekropole mit über 4000 Gräbern freigelegt. 2600 Jahre – seit der Gründung im 6. Jh. v. Chr. – haben Reste der robusten Pfahlbauten Spinas überdauert.

Im Süden von Comacchio bilden die **Valli di Comacchio** eine 9000 ha große Wasserfläche. In Casone Foce (4 km südlich) gibt es noch den ›lavoriero‹ zu sehen, jene labyrinthartig angelegte **Fischfanganlage** aus Rohrgeflecht und Aluminiumwänden, die jahrhundertelang für den *Aalfang* verwendet wurde. Das Fischerhaus ist Ausgangspunkt für **Führungen** in die Valli, zu den uralten *Salinen* von Comacchio und zu einigen ›casoni‹ – jenen strohgedeckten Fischerhütten – im Lieblingswasser der Aale.

Praktische Hinweise

Information: APT Comacchio, Via Buonafede 12, Tel. 05 33 31 01 47-8, Fax 05 33 31 28 80

Hotels

*****Caravel**, Lido di Spina, Viale Leonardo da Vinci 56, Tel. 05 33 33 01 06, Fax 05 33 33 01 07. Komfortables Haus in einem Pinienhain des Po-Deltas, dicht am Meer.

*****Conca del Lido**, Lido degli Estensi, Viale G. Pascoli 42, Tel. 05 33 32 74 59, Fax 05 33 32 79 34. Modernes Hotel, 50 m vom Strand.

***Trepponti**, Comacchio, Via Marconi 3, Tel. 05 33 31 27 66. Sehr einfaches Haus mit Restaurant.

Restaurants

La Pace, Comacchio, Via Fogli 21, Tel. 0 53 38 12 85. Einfaches Lokal in Fischmarktnähe. Aalgerichte wie ›Risotto di anguille‹ und Aal vom Rost.

Il Sambuco, Porto Garibaldi, Via Caduti del Mare 30, Tel. 05 33 32 74 78. Köstliches aus dem Meer.

Ravenna, Faenza und Forlì – Kunststädte der Emilia-Romagna

Ravenna ist wie ein Spiegel. Die Stadt zeigt das liebenswerte, alte, vollkommene Gesicht einer Kunstmetropole des 5./6. Jh. Sie zeigt aber auch ein modernes Gesicht mit den unvermeidlichen Kerben der *Industrieregion* und außerdem ein freundliches Sommergesicht mit Pinienwäldern, Lagunen, weiträumigen Naturschutzgebieten und Badestränden in nächster Nähe. Wie kleinere Schwestern der großen Kunststadt präsentieren sich **Faenza** als Zentrum der Keramik und **Forlì** mit seiner bedeutenden Gemäldesammlung.

23 Ravenna

Plan Seite 80

Erbin von Rom und Byzanz. Frühchristliche Basiliken und faszinierende Mosaiken.

Das Einzigartige und Außergewöhnliche dieser Stadt: Was anderwärts verloren ging, zerstört oder erneuert wurde, blieb hier im Original erhalten. Tatsächlich sind ihre Kunstwerke um Jahrhunderte älter als die Venedigs.

Geschichte Ursprünglich lag Ravenna auf Inseln im Meer und unwegsame Sümpfe schnitten es vom Hinterland ab. 500 v. Chr. besaßen Etrusker hier eine Fluchtburg. Als die Römer im 2. Jh. v. Chr. ihre Herrschaft auf die gesamte Poebene ausdehnten, wurde Ravenna ›Civitas foederata‹ und gewann durch die Anlage des **Portus Classis** im 1. Jh. n. Chr. an Bedeutung. Roms *Kriegsschiffe* ankerten hier, hielten den Adriahandel unter Kontrolle und überwachten die Ostprovinzen.

Großes politisches Gewicht erhielt die Stadt, als Westroms Kaiser **Flavius Honorius** 402, von anstürmenden Westgoten bedrängt, seine **Residenz** von Mailand in das wasserumgebene Ravenna verlegte. Während Alarichs Truppen Rom plünderten, lag Ravenna sicher im Abseits. Honorius und nach ihm seine Stiefschwester **Galla Placidia** regierten bis 437 in Ravenna und verliehen dem untergehenden Reich noch einmal Glanz. Unbekannte Künstler schufen die

Der venezianische Touch der Piazza del Popolo in Ravenna hält näherem Hinsehen nicht stand, denn auf beiden Säulen stehen Heilige – es fehlt also der Markuslöwe

ältesten christlichen **Mosaikzyklen** der Kaiserstadt noch ganz im römischen Stil.

Auch nach dem Untergang Westroms blieb Ravenna Residenz: Der Heruler **Odoaker** regierte hier 476–493, Ostgotenkönig **Theoderich d. Gr.** von 493 bis 526. Mit Theoderich hielt die theologische Lehre des Priesters **Arius** Einzug. Diese lehrt, dem griechisch-antiken Weltbild folgend, daß der Sohn Gottes vom Vater geschaffen und also nicht gleichermaßen ewig sei. Die Bautätigkeit wurde neu belebt, das Geistesleben blühte, der Philosoph *Anicius Manlius Boethius* und *Flavius Magnus Cassiodorus*, der eine Weltchronik und die Geschichte der Goten schrieb, fungierten als Berater des Kaisers. 540 nahmen die Truppen des byzantinischen Feldherrn **Belisar** die Stadt ein, die nun Sitz eines oströmischen Exarchen wurde und eine neue künstlerische – diesmal byzantinisch geprägte – Blüte erlebte.

Nach der Eroberung durch die *Langobarden* 751 verlor die Stadt an Bedeutung. Der Hafen versandete, die Kanäle wurden wieder zu Sumpfland, und den Salzhandel kontrollierte nun Venedig. Vom späten 8. Jh. an – mit Unterbrechungen durch Familienherrschaften der Traversari und Polenta sowie durch fünf venezianische Jahrzehnte – gehörte Ravenna bis 1860 zum **Kirchenstaat**.

Durch Trockenlegung der Sümpfe gegen Ende des 19. Jh. und einen damit verbundenen **Wirtschaftsaufschwung** veränderte sich das Bild der Stadt. Vollends, als 1952 reiche **Erdgasvorkommen** entdeckt wurden und in Folge Ölraffinerien und Chemiewerke entstanden.

Besichtigung Am besten wählt man die zentrale, venezianisch geprägte **Piazza del Popolo** ① mit dem *Palazzo Veneziano* (heute Rathaus) und den beiden Säulen, die die Stadtheiligen Vitalis und Apollinaris tragen, als Ausgangspunkt. (Im Juli/Aug. sind alle Sehenswürdigkeiten am Freitagabend geöffnet.)

Man wendet sich nach Nordwesten und erreicht so das **Mausoleo di Galla Placidia** ② (April–Sept. tgl. 8.30–19 Uhr, Okt.–März tgl. 9–16.30 Uhr), den kleinen, unscheinbaren, wie durch die Last der Jahrhunderte in den Boden eingesunkenen Ziegelbau. Galla Placidia (388–450), Tochter Theodosius I. und Regentin über Westrom, gab den Bau ihres **Grabmals** 430 in Auftrag. Spärlich fällt das Licht durch Alabasterplatten in den **Innenraum**. Ein hoher Sockel aus Siena-Marmor geht in blaugrundigen **Mosaikschmuck** von außerordentlicher Pracht über, der die großen Lünetten über den Nischen, die Tonnengewölbe und die Kuppel bedeckt. Die Mosaizisten schufen die Kuppel als ster-

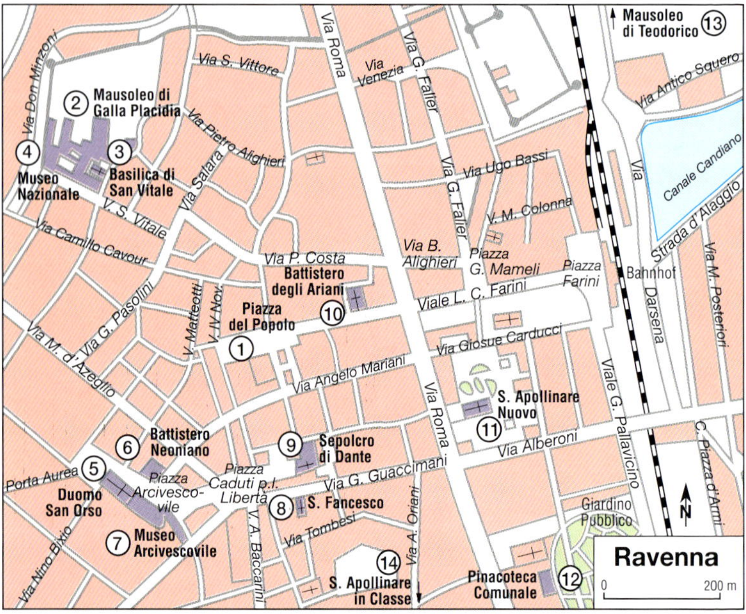

nenbedeckten Nachthimmel. Die *acht Apostel* in den Wölbungen tragen Togen wie römische Senatoren, und ihre rechte Hand ist zur ›acclamatio‹ erhoben. In den *Lünetten* entzücken Bilder, die dem Naturalismus der klassischen Antike nahestehen: Christus als der **Gute Hirte**, jung und bartlos, ist ein Ephebe, der seine Schafe in einer naturalistisch skizzierten Felslandschaft weidet. Gegenüber erscheint der **hl. Laurentius**, der zu seinem Martyrium am Rost mit dem züngelnden Feuer schreitet. In den Lünetten der Kreuzarme streben zwei **Hirschpaare** im üppigen Akanthusgerank den blauen Teichen – dem Quell des göttlichen Lebens – zu. Legenden spinnen sich um die drei spätantiken **Sarkophage**. Wer hier bestattet wurde, bleibt ein Geheimnis. Galla Placidia war es nicht, sie starb in Rom.

Die **Basilica di San Vitale** ③ (der Zugang erfolgt durch das benachbarte Kloster ④) ist ein Jahrhundert jünger als das Mausoleum. Ihr Grundstein wurde 525 zur Regierungszeit Theoderichs d. Gr. gelegt. Ihre Vollendung erfolgte während oströmischer Herrschaft. Als Vorbild diente die Hagia Sophia in Konstantinopel. San Vitale, über oktogonalem Grundriß errichtet, ist der erste **Zentralkuppelbau** des Abendlandes. Das strenge Äußere läßt die effektvolle kühle Wirkung des **Innenraums**, wo acht

Noch der römischen Mosaikkunst verpflichtet ist die Darstellung des Guten Hirten im Mausoleo der Galla Placidia

Detail der Außenansicht von San Vitale

marmorne, von Rundbögen überfangene Stützpfeiler die Kuppel tragen, kaum ahnen. Doppelstöckige *Arkaden* umarmen den Mittelraum, der durch einen mit 15 Medaillons (Christus, Heilige, Apostel) geschmückten Gurtbogen in den tiefen, schmalen **Chorraum** überleitet. Hier blieb die ungemein kostbare Mosaikdekoration von 525–548 erhalten.

Zwei **Stilrichtungen** werden deutlich: In den biblischen Szenen des **Presbyteriums** überwiegt die von naturalistischer Lebendigkeit durchdrungene *hellenistisch-römische* Richtung. Ganz abstrakt dagegen, starr, mit Verzicht auf Perspektive und Körperlichkeit erscheinen die *byzantinischen* **Apsismosaiken**, die in einer feierlichen Christusdarstellung kulminieren. Glanzstücke sind die Zeremonienbilder an den Seitenwänden der Apsis: links **Kaiser Justinian**, Bauherr der Hagia Sophia in Konstantinopel, mit seinem Gefolge, rechts **Kaiserin Theodora** mit ihrem Hofstaat. Auffällig ist, daß nur die Hauptpersonen mit individuellen Zügen ausgestattet sind, als handele es sich um Porträts.

Im ehem. Benediktinerkloster der Kirche ist das **Museo Nazionale** ④ (Di–Sa 8.30–19 und So 8.30–13.30 Uhr) untergebracht. Mehrere Jahrhunderte ravennatischer Kunst sind hier versammelt. Bemerkenswert ist die *Grabsteinsammlung* mit Plastiken aus antiker, frühchristlicher und byzantinischer Zeit (2. Kreuzgang). Wunderschöne *Elfenbeinarbeiten* aus dem 5.–6. Jh. gibt es außerdem zu sehen.

Beachtenswert im Presbyterium von San Vitale sind nicht nur die aussagekräftigen Mosaike – hier Szenen aus dem alten Testament – , sondern auch die prächtigen Wanddekorationen

Von der Piazza del Popolo über die Via Rasponi erreicht man die **Piazza del Duomo** und den **Duomo San Orso** ⑤ (tgl. 7.45–12 und 15–18.30 Uhr). Auf dem Grund des mittelmäßigen barocken Bauwerks stand einst die von Bischof Ursus im 5. Jh. gegründete, älteste Kirche Ravennas. Von ihr blieben nur die *Marmorkanzel* des Bischofs Agnello (6. Jh.) und einige frühchristliche *Sarkophage* erhalten.

Weit interessanter als der Dom ist das benachbarte **Battistero Neoniano** ⑥ oder Baptisterium der Orthodoxen (April–Sept. tgl. 9–19, Okt.–März 9.30–16.30 Uhr), ein achteckiger Bau aus dem 5. Jh. Höchst eindrucksvoll ist die verschwenderische Ausstattung des **Innenraums** mit Marmorintarsien, mit wundervollen Stuckarbeiten und Mosaiken. Hauptschmuck sind die **Kuppelmosaiken**. Die **›Taufe Christi‹** im durch einen antiken Flußgott symbolisierten Jordan, die ungemein bewegten Gestalten der *zwölf Apostel* im ersten Mosaikband und die mystischen Darstellungen im zweiten Mosaikband zeigen, daß diese an der Antike orientierte

Glanz in Gold und kostbare Stoffe lassen Kaiserin Theodora wie eine Himmelskönigin erscheinen (San Vitale)

Dante Alighieris Grabmal in der ›Zone des Schweigens‹

Darstellungsweise noch weit von der Abstraktion der byzantinischen Kunst entfernt war.

Hinter dem Dom liegt das **Museo Arcivescovile** ⑦ (April–Sept. tgl. 9–19, Okt.–März 9.30–16.30 Uhr). Sein kostbarster Besitz ist die aus Konstantinopel stammende *Cattedra di avario di Massimiano* (Elfenbeinthron des Maximian), eines der prächtigsten Werke der antiken Elfenbeinschnitzerei (6. Jh.). Der zweite Museums-Schwerpunkt ist die mit mehrfach restaurierten Kuppelmosaiken geschmückte *Capella di Sant' Andrea* aus dem 5./6. Jh. Bemerkenswert der Christus militans im Kettenhemd des römischen Offiziers.

Über die Piazza Caduti per la Libertà gelangt man zur kleinen, häufig umgebauten Chiesa **San Francesco** ⑧. Sie gehört schon zur Zona Dantesca, denn hier wurde 1321 die Totenmesse für Dante Alighieri gelesen. Der **Sepolcro di Dante** ⑨, die Grabstätte des Dichters der ›Divina Commedia‹, der sein Lebensende als politischer Flüchtling in Ravenna verbrachte, ist ein kleiner klassizistischer *Tempel*, den der ravennatische Architekt Camillo Morigia 1780 gestaltete. Ravenna schwelgt im **Dante-Stolz**, seit Franziskanermönche die Gebeine des Dichters vor Grabräubern bewahrten – und vor Kardinallegat Bertrand du Pouget, der acht Jahre nach Dantes Tod verlangte, man solle den Leichnam verbrennen.

Ein Rundgang in die Osthälfte der Altstadt führt zum **Battistero degli Ariani** ⑩ (tgl. 8.30–12 und 14.30–16.30 Uhr). Die ursprünglich arianische Kultkirche, in der die Lehren des Arius verbreitet wurden, entstand um 500. Später wurde sie dem orthodoxen Ritus geweiht. Nur die Mosaikdekoration der **Kuppel** ist original erhalten. Der Vergleich mit dem

Antikisierend – ›die Taufe Christi‹ im Battistero Neoniano von Ravenna

Malerei in Stein

Eines der ältesten Mosaiken ist die ›Mosaikstandarte‹ von **Ur** *(2500 v. Chr.), ein Kasten mit einer aus Muscheln und Lapislazuli zusammengesetzten Bildfolge von Tieren und Menschen (British Museum, London). Die ersten nachweisbaren Wandmosaiken wurden vor 5000 Jahren im babylonischen* **Uruk** *aus Tonzylindern gefertigt, die in den feuchten Lehm gedrückt wurden. Diese Technik hat sich in Jahrtausenden kaum verändert, nur die* **Materialien** *wurden andere. In der griechischen und römischen* **Antike** *wurden* **Fußbodenmosaiken** *aus verschiedenfarbigen Stein- oder Marmorwürfeln mit außerordentlicher Kunstfertigkeit zusammengesetzt. Mosaikkünstler begannen mit den Steinen zu ›malen‹. Für* **Wandmosaiken** *waren die Steine allerdings zu schwer. Vermutlich aus den Glashütten von* **Alexandria** *kamen die ersten leichteren Glassteinchen. Erstmals wurden sie im 2. Jh. v. Chr. für den Palast von* **Pergamon** *verwendet und erwiesen sich als nahezu ideal. Das Glas konnte gefärbt, mit Gold- und Silberfolien beschichtet und im richtigen Winkel so eingesetzt werden, daß es beim Zusammentreffen mit Licht eine ungeheure* **Leuchtkraft** *entfaltete. In der* **römischen Kaiserzeit** *entstanden vielfarbige figürliche Mosaiken von überragender Qualität. Auch in der* **byzantinischen Epoche** *zeugen Werke wie die Mosaiken von* **Ravenna**, *aus Abermillionen ›tesserae‹ zusammengesetzt, von höchster technischer Perfektion. Hier läßt sich besonders gut der Wandel der Darstellungsweise vom Naturalismus im* **Mausoleum** *der* **Galla Placidia** *zur Abstraktion und zu den transzendenten Visionen byzantinischer Prägung in* **Sant' Apollinare in Classe** *verfolgen.*

Battistero Neoniano drängt sich auf, die Szenen der ›Taufe Christi‹ im Apostelkranz ähneln einander.

An der Via Roma liegt die Basilica **Sant'Apollinare Nuovo** ⑪ (April–Sept. 9–19, Okt.–März 9.30–17.30 Uhr). Theoderich ließ die dreischiffige Hallenbasilika 519 als arianische *Hofkirche* erbauen und opulent mit **Mosaiken** ausstatten. Die beiden oberen Bildstreifen mit den Christusszenen blieben original erhalten. Der unterste Bildstreifen entstand 560, nach der Umwidmung der Kirche zum katholischen Ritus und nach der ›damnatio memoriae‹, der Auslöschung der Erinnerung an Theoderich und den arianischen Geist. An der **rechten Seitenwand** bewegt sich der Prozessionszug der Märtyrer auf den thronenden *Christus* zu. An der **linken Wand** führen die Heiligen Drei Könige den Zug der Märtyrerinnen zu *Maria mit dem Kind*. **Details**, die Aufmerksamkeit verdienen: das berühmte Bild der Heiligen Drei Könige und das Mosaik des Hafens von Classe (links) sowie die Stadt Ravenna mit Theoderichs Palast (rechts). Hier wurden alle Figuren zum Zweck der Ketzeraustreibung entfernt.

Ungewöhnlicher Rundturm – S. Apollinare Nuovo wurde Anfang des 6. Jh. von Theoderich gegründet

Man folgt nun der Via Roma weiter nach Süden, trifft auf einen alten Baurest aus dem 7./8. Jh., der fälschlich ›*Palazzo di Teodorico*‹ genannt wird, auf die mit Statuen geschmückte Basilica S. Maria in Porto (1553–1659) und schließlich auf die **Loggetta Lombardesca** mit der **Pinacoteca Comunale** ⑫ (Mo, Mi, Fr, Sa 9–13, Di, Do 9–13 und 14.30–17.30, So 14.30–17.30 Uhr). Glanzpunkt der Sammlung – neben Werken aus der Malschule von Ravenna – ist das von Tullio Lombardo um 1525 geschaffene ›Totenbild des Guidarello Guidarelli‹, eines der schönsten Bildwerke der Renaissance.

Vor den Toren Ravennas

Wie ein vom Himmel gefallener Fels liegt das **Mausoleo di Teodorico** ⑬ (April–Sept. tgl. 8–18 Uhr, Okt.–März 8.30–13.30 Uhr) östlich der Porta Serrata. Das *Grabmal*, ein zweistöckiger Rundbau mit mächtigen Rundbogennischen und einer monolithischen Deckplatte aus istrischem Kalkstein von 11 m Durchmesser, wurde 520 begonnen. Die Grabstätte ist jedoch leer, die **Gebeine** des arianischen Gotenkönigs liegen nicht im Porphyrsarg, denn sie wurden verschleppt und zerstreut. Später hat man Theoderichs *goldene Rüstung* beim Pflügen in einem Feld entdeckt, ausgegraben und ins Museum gebracht. Von dort wurde sie gestohlen und ist seitdem verschollen.

Viele Legenden spinnen sich um das geheimnisvolle Grabmal des berühmten Gotenkönigs Theoderich

Licht und Farbe leiten in der Basilica S. Apollinare in Classe den Blick unwiderstehlich zu den Mosaiken in der Apsis mit ihrer paradiesisch-naiven Naturdarstellung

Fünf Kilometer südlich des Stadtzentrums steht die **Basilica Sant' Apollinare in Classe** ⑭ (April–Sept. tgl. 8–12 und 14.30–18.30 Uhr, sonst bis 17 Uhr). Die der justinianischen Zeit angehörende Basilika (535–549), ein einfacher Backsteinbau mit einem runden *Campanile* (10. Jh.), ist die Grabeskirche des hl. Apollinaris. Hell und kühn in Farb- und Lichtwirkung ist der **Innenraum**. Griechische Säulen mit byzantinischen Kapitellen bilden Arkaden, die mit Medaillons der Bischöfe geschmückt sind. Den **Triumphbogen** beherrscht ein ernstes Bild des segnenden *Erlösers*, dem aus den Stadttoren von Bethlehem und Jerusalem (symbolisch für Juden und Christen) weiße Lämmer zuströmen. Aus dem 6. Jh. stammen die *Mosaiken* in der **Apsis**: Grün, voller Bäume, Blumen, Büsche, Vögel, wölbt sich die mystische Paradieswiese über den Figuren der ravennatischen Bischöfe. Das **Symbolhafte** dominiert: Schafe verkörpern das Volk der Gläubigen, die vom hl. Apollinaris geführt werden sollen, die Verklärung Christi ist nur durch ein Kreuz im Sternenmedaillon dargestellt und hoch oben greift die Hand Gottes aus den Wolken. In die realistische Bildwelt kehrt die Darstellung der Privilegiengewährung Konstantins IV. an die Kirche (linke Seitenwand) zurück.

Zum Ausruhen locken nach so viel Kunst die nahen **Badestrände**: *Casal Borsetti* mit seinen großen Campingplätzen, *Marina Romea* im Pinienschatten und *Porto Corsini* mit weiten, teilweise noch einsamen Uferzonen.

Praktische Hinweise

Information: APT, Via San Vitale 2, Tel. 0544 35755, Fax 0544 350 94. Informationsbüros: Via Salara 8/12; Via delle Industrie 14

Parkmöglichkeiten: Via Fiandrini (Bereich Basilica San Vitale); Via A. de Gasperi (im Dombereich); Largo Firenze (Zona Dantesca); Piazza Mameli (unweit Basilica di Sant' Apollinare Nuovo)

Hotels

******Jolly Hotel Mameli**, Piazza Mameli 1, Tel. 0544 35762, Fax 0544 216055. Sehr gut geführtes Haus mit Restaurant.

****Bisanzio, Via Salara 30, Tel. 05 44 21 71 11, Fax 0 54 43 25 39. Angenehmes, zentral gelegenes Haus, ohne Restaurant.

**Centrale-Byron, Via IV Novembre 14, Tel. 05 44 21 22 25, Fax 0 54 43 41 14. Komfortabel, im Zentrum, ohne Restaurant.

Restaurants

Al Gallo, Via Maggiore 87, Tel. 05 44 21 37 75. Elegant und gemütlich, Sommerbetrieb in einem romantischen Garten. Gehobene Preisklasse, Vorbestellung erforderlich (Mo abend und Di geschl.).

Bella Venezia, Via IV Novembre 16, Tel. 05 44 21 27 46. Nahe der Piazza del Popolo, romagnolische Spezialitäten (So geschl.).

24 Faenza

Wiege der Keramik.

Die Stadt am Ufer des Fiume *Lamone* (ab Ravenna SS 302), am Übergang der weiten Po-Ebene zu den Vorbergen des Apennin, ist vermutlich eine etruskische Gründung. Die Römer gaben der Siedlung an der Via Aemilia als **Castrum Faventia** einen Raster von sich rechtwinklig schneidenden Straßenzügen, der bis heute erhalten geblieben ist. Die ersten bedeutenden Bauten entstanden unter der Signoria der *Familie Manfredi*. Als **Cesare Borgia** sich 1501 mit Gewalt der Romagna bemächtigte, wurde auch Faenza zerstört, und die Stadt fiel 1509 an den *Kirchenstaat*. Nicht zerstört werden konnte jedoch das Wissen um die **Keramikproduktion**. Bis ins 12. Jh. reichen in Faenza die Wurzeln dieses Handwerks. **Fayencen**, aus dem Stadtnamen abgeleitet, wurden zum Gattungsbegriff für farbig dekorierte, glasierte Keramik, die besonders in der **Renaissance** hohe künstlerische Qualität erreichte.

Erlesene Kunstwerke präsentiert das Internationale Keramikmusem von Faenza

Mit der Erfindung des Porzellans zu Beginn des 18. Jh. begann die Bedeutung der Fayencen zu schwinden. Dennoch sind die Keramiken bis heute kostbare Güter Faenzas. Noch immer werden in 60 Werkstätten **traditionelle** und **moderne Keramiken** hergestellt, häufig finden internationale Ausstellungen zur Keramik statt. Faszinierend ist das 1908 von Gaetano Ballardi gestiftete **Museo Internazionale delle Ceramiche** (Viale Baccarini 19, April–Okt. tgl. außer Mo 9–19 Uhr, Nov.–März 9.30–13.30 Uhr). Die Kollektion zeigt Faentiner Keramik von der Römerzeit bis in die Gegenwart mit besonderer Betonung der **Renaissancefayencen**, außerdem Keramiken aus präkolumbianischer Zeit und aus dem Fernen Osten. In der Modernen Abteilung wird die **zeitgenössische Keramikkunst** Italiens präsentiert, bereichert durch Objekte von Picasso, Matisse, Chagall und Léger.

Das **Zentrum** Faenzas bildet die *Piazza Martiri della Libertà* mit der **Cattedrale San Pietro**. Sie wurde im 15. Jh. im Stil der Frührenaissance vom Florentiner Dombaumeister *Giuliano da Maiano* entworfen und nach 100jähriger Bauzeit 1581 eingeweiht. Der dreischiffige **Innenraum** in Form eines lateinischen Kreuzes mit je acht Kapellen in den Seitenschiffen ist schlicht und edel. Als besonders kostbar gilt die **Arca di San Savino**, das Grabmal des hl. Savinus links vom Chor. Es stammt von *Benedetto da Maiano*, dem Bruder des Dombaumeisters, und zählt zu seinen besten Jugendwerken.

Am Barockbrunnen des Domenico Paganelli vorüber gelangt man zur arkadengeschmückten **Piazza del Popolo** mit dem Palazzo del Podestà (12. Jh.), dem Palazzo del Municipio (13.–15. Jh.) sowie der Torre dell'Orologio (17. Jh.).

Praktische Hinweise

Information: APT, Piazza del Popolo 1, Tel. 0546 25231

Hotels und Restaurants

****__Cavallino__, Via Forlivese 185, Tel. 0546 634411, Fax 0546 634440. Angenehmes Haus außerhalb des Stadtzentrums. Im Restaurant typisch romagnolische Küche.

****__Vittoria__, Corso Garibaldi 23, Tel. 0546 21508, Fax 0546 29136. Liegt im historischen Zentrum an der Hauptstraße.

Ristorante Le Volte, Corso Mazzini 54, Tel. 0546 661600. Viele Spezialitäten mit Rohschinken, Pilzen und Trüffeln.

L'Osteria del Mercato, Piazza Martiri della Libertà 13, Tel. 0546 680797. Günstige Lage im historischen Stadtzentrum, romagnolische Gerichte (So geschl.).

25 Forlì

Uralte Bauwerke, dichtes romagnolisches Leben.

Schnurgerade führt die **Via Aemilia** von Faenza nach Forlì und teilt die Stadt in zwei Hälften. Erstaunlich, daß das von der Geschichte immer wieder hart bedrängte und – auch im Zweiten Weltkrieg – zerstörte Forlì einige seiner frühen Bauwerke erhalten konnte.

Das älteste ist die romanische – mehrmals veränderte – **Basilica San Mercuriale** an der zentralen Piazza Aurelio Saffi. Sie wurde über der 1173 abgebrannten Kirche errichtet, in der seit dem 7. Jh. die Reliquien des ersten Bischofs von Forlì, Mercurialis, aufbewahrt worden waren. Die von einem gewaltigen **Campanile** überragte schlichte Backsteinfassade zeigt oberhalb des *Marmorportals* ein Lünettenrelief (13. Jh.) mit Szenen aus dem Leben der Heiligen Drei Könige. **Innen** wirkt die Kirche mit dem unverputzten Mauerwerk herb und streng. Ein Eindruck, den weder der hinter dem Haupteingang aufgestellte romanische *Löwe*, noch das prunkvolle *Renaissancegrab* der Barbara Manfredi mildern können. Die Bilder zu beiden Seiten des Grabmals stammen von Marco Palmezzano (1460–1539) aus Forlì, einem bedeutenden Vertreter der romagnolischen Malerei.

Der **Palazzo del Municipio** aus dem 14. Jh. und – jenseits des Corso della Repubblica – der **Palazzo della Podestà** (15. Jh.) säumen die arkadengeschmückte *Piazza Aurelio Saffi*.

Wenige Schritte über den Corso Garibaldi sind es zum **Duomo S. Croce**, dessen klassizistische Fassade über das Alter der ursprünglichen Kirche hinwegtäuscht. Zahlreiche Umgestaltungen ließen als Relikte aus alter Zeit nur das schöne *Taufbecken* (1504) und das romanische *Kruzifix* (13. Jh.) im linken Seitenschiff übrig. Carlo Cigani, ein Vertreter der von den Carracci gegründeten Bologneser Barockschule, malte das **Kuppelfresko** der ›Himmelfahrt Mariä‹ (17./18. Jh.). Jahrzehnte früher entstand die reichgeschmückte **Cappella della Madonna del Fuoco** im linken Seitenschiff.

Über den Corso della Repubblica erreicht man die **Istituti Culturali Artistici** mit der **Pinacoteca Civica** (Di–So 9–14 Uhr). Die vielseitigen Sammlungen kulminieren in der *Gemäldegalerie*, die u. a. Werke von Guercino, Fra Angelico und Melozzo da Forlì zeigt. Milde blickt *Caterina Sforza* in einem Bildnis, das dem Florentiner Lorenzo di Credi zugeschrieben wird, sanft wirkt auch *Cesare Borgias* Porträt von Marco Palmezzano.

Die mächtige, vom Geschlecht der Ordelaffi erbaute Festung **Rocca di Ravaldino** trägt die Erinnerung an diese beiden bedeutenden Persönlichkeiten. Sanft gaben sie sich im wirklichen Leben gewiß nicht. Caterina Sforza war eine mutige Frau, die sich gegen den blutrünstigen Cesare Borgia zur Wehr setzte. Sie ließ Borgia sogar eine Aufforderung zum Duell übermitteln. Doch Cesare Borgia lehnte ab, siegte in der Schlacht gegen die Sforza, zerstörte Forlì und ließ seine Wappen in die Festung mauern.

Praktische Hinweise

Information: IAT, Corso della Repubblica 23, Tel. 0543 25532, Fax 0543 25026

Hotel

***__Della Città et De La Ville__, Corso della Repubblica 117, Tel. 0543 28297, Fax 0543 30630. Angenehmes Haus mit Restaurant (So abends geschl.).

Von der Pineta Ravennas nach Rimini – Sommergewühl im Vorland bizarrer Festungen

Die romagnolische Südküste, fern von Lagunen und dem Mündungsdelta des Po, ist eine Route der *Sonnenanbeter*, der perfekt genutzten breiten, feinsandigen Strände, der *Hotelkolonien*, die vom Meer aus gesehen wie eine undurchdringliche Mauer vor dem grünen Hinterland stehen, und der alten Fischerdörfer, die sich in moderne **Badeorte** verwandelten. Die SS 16 Adriatica (Ferrara-Ostuni) mit kurzen Stichstraßen zur Küste und die Autostrada del Mare, A14 (Bologna-Bari), mit ihren Zubringern verbinden sie alle.

26 Cervia und Milano Marittima

Pinien, Parks, pulsierendes Strandleben.

Von Ravenna fährt man durch die **Pineta di Classe** nach Süden. Salz war in ältester Zeit die Keimzelle **Cervias**, dessen eindrucksvolle *Salinen* rechts der Staatsstraße liegen. Wohlstand aus Salz formte das mittelalterliche Bischofsstädtchen, das mit *Pietro Barbo* den späteren Papst Paul II. (1464–71) und Bauherrn des Palazzo Venezia in Rom hervorbrachte. In Cervia selbst hat er jedoch keine Spuren hinterlassen: Die *Kathedrale* stammt aus dem 18. Jh., das hölzerne Kruzifix in der *Chiesa del Suffragio* wurde geschnitzt, ehe Pietro Barbo zur Welt kam. Spuren gibt es jedoch von der sardischen Nobelpreisträgerin **Grazia Deledda**. Ein *Denkmal* am Lungomare Deledda erinnert an sie, an ihre Ferienlust, an die 15 Sommer, die sie in der kleinen Villa am Viale Colombo verbrachte. Dort schrieb sie ›Das Land der Winde‹, ›Die Flucht nach Ägypten‹ und ›Der Alte und die Jungen‹.

Milano Marittima trennt von Cervia nur der hübsche **Hafen**. Längst treten die Ferienvillen aus der Gründerzeit hinter der perfekten Hotelkulisse am gepflegten feinen Sandstrand zurück.

In die Ferne segeln, kreuzen, dem Wind folgen: der Hafenkanal von Cervia verbreitet Tag für Tag neue Aufbruchsstimmung – die Sehnsucht der Seeleute nach dem Meer

Straßencafé in Milano Marittima

Praktische Hinweise

Information: Cervia, Viale Roma 86, Tel. 0544 974400. Milano Marittima, Viale Romagna, Tel. 0544 993435 (Mai–Sept.)

Hotels

[Saison: Mitte Mai bis Mitte September]

******Mare e Pineta**, Milano Marittima, Viale Dante 40, Tel. 0544 992262, Fax 0544 992739. Mit Pinienpark und Strandareal.

******Garden**, Cervia-Pinarella, Viale Italia 250, Tel. 0544 987144, Fax 0544 980006. Gut gepflegtes Haus mit einem Privatstrand.

*****Beau Rivage**, Cervia, Lungomare Deledda 116, Tel. 0544 971010, Fax 0544 971746. Angenehmes Hotel, direkt am feinsandigen Strand.

*****New York**, Cervia-Pinarella, Viale Titano 52, Tel. 0544 976280, Fax 0544 975342. Familienfreundlich, kurzer Weg zum Strand.

Restaurants

Osteria del Pavone, Cervia, Via Savonarola 13, Tel. 0544 970136. Stilvolles Ambiente, mittlere Preislage (nur abends geöffnet).

Al Caminetto, Milano-Marittima, Viale Matteotto 46, Tel. 0544 994479. Gut, teuer, delikate Hauptgerichte (nur abends geöffnet).

27 Cesena und Cesenatico

Eine Bibliothek wie eine Kirche, angekettete Kodizes, edle Miniaturmalerei und Badefreuden ohne Ende.

Ein lohnender Abstecher über die SS71 führt nach **Cesena**. Rotbraun, von der Sonne ausgeglüht ist die in Form eines Skorpions ummauerte Altstadt. Die bitterbösen Geschichten über die *Signori Malatesta* verstummen angesichts der **Via Malatestiana**, die Cesenas Hauptsehenswürdigkeiten verbindet. Schmuckstück der Stadt ist die **Biblioteca Malatestiana** (Piazza Bufalini 1; 1. Juni – 15. Sept. 9.30–12.30 und 16–19 Uhr, So 10–12 Uhr; 15. Sept.– 31. Mai 9–12.30 und 16.30–18 Uhr, So 10–12 Uhr). *Matteo Nuti* aus Fano schuf den Bau 1447–52 nach dem Vorbild von Michelozzos Bibliothek des Klosters San Marco in Florenz. Besonders eindrucksvoll ist der **Lesesaal** – er gleicht einer dreischiffigen Basilika. Zwischen den Marmorsäulen stehen die wie Gebetsbänke angeordneten *Lesepulte*. Zu den wertvollen Beständen der Bibliothek gehören 340 alte *Kodizes*, teils mit prächtigen Miniaturmalereien, die Novello Malatesta in Konstantinopel und im Orient ankaufte. Ein kleiner Umweg über die Piazza Pia führt zur **Cattedrale San Giovanni Battista**, die nach vielen Umbauten im romanisch-gotischen Stil (14./15. Jh.) wiederhergestellt wurde. Ihre Cappella del Corpo Cristi (1494) und die Cappella della Madonna del Popolo verdienen besondere Aufmerksamkeit.

Die niedrigen Arkaden der Via Zeffirino Re führen zur **Piazza del Popolo** mit der üppigen, skurrilen *Fontana Masini*. Über die uralte, holprige Via Malatesta Novello geht es zur **Rocca Malatestiana** (tgl. außer Mo 9.30–12.30 und 16–20 Uhr, im Winter 14.30–17.30 Uhr). Von den zahlreichen Festungen der Romagna ist sie eine der schönsten. Ihre Wurzeln reichen bis ins 6. Jh. zurück, ihr heutiges Aussehen und die geheimnisvollen *unterirdischen Gänge* verdankt sie den Malatesta (14. Jh.).

Ferienspaß in Milano Marittima: ▷

Oben: *Volksfestatmosphäre im Vergnügungspark Mirabilandia*
Mitte: *Strandglück durch Geselligkeit*
Unten: *Auf heiße Tage folgen ›coole‹ Nächte in musikgetränkten Discos*

Sympathischer Themenwechsel: die Zwingburg von Cesena wurde zum Museum

Cesenatico, das ›Cesena al Mare‹, ein alter Ort, dessen *Fischerhafen* Leonardo da Vinci im Auftrag von Cesare Borgia entwarf, hat sich längst in den Reigen der großen **Badeorte** eingefügt. Viel Grün, viele Bäume, schattige Straßen, mit einer Ausnahme maßvolle Hotels und breite, flache Strände ziehen im Sommer Touristenscharen an.

Zum Freilichtmuseum **Museo della Mariniera** wird der Hafen durch die alten Boote mit ihren bunten Segeln.

Praktische Hinweise

Information: APT, Cesena, Piazza del Popolo 1, Tel. 05 47 35 63 27, Fax 05 47 35 63 29

Hotels und Restaurants

****__Casali__, Cesena, Via Benedetto Croce 81, Tel. 0 5472 27 45, Fax 05 47 22 28 28. Traditionelles Haus (seit 1816), fabelhafte Küche.

****__Pino,__ Cesenatico, Via Anita Garibaldi 7, Tel. 0 54 78 06 45, Fax 0 54 78 47 88. Sehr gepflegtes Hotel mit einem beliebten Feinschmecker-Restaurant.

Ristorante Il Circolino, Cesena, Corte Dandini 10, Tel. 0 5472 18 75. Kleines, familiäres Lokal, romagnolische Küche. Vorbestellung notwendig (nur abends geöffnet, Di geschl.).

28 Rimini

Plan Seite 94

Uralte Stadt, modernes Seebad, Kunstschätze und Urlaubsfreuden

Bei Cesenatico beginnt ein dicht mit Hotels aller Kategorien bebauter, vom Badetourismus vereinnahmter Strandstreifen, der sich bis Rimini hinzieht.

Rimini, Zentrum der romagnolischen Küste, liegt in einer heiteren, fruchtbaren und anmutigen Landschaft.

Federico Fellini sagte über seine Geburtsstadt, sie sei »ein verwinkelter, beängstigender, zärtlicher Mischmasch mit großem Atem«.

Rimini besteht aus zwei ungleichen Teilen: die **Altstadt**, heute meerfern südlich des Fiume Marecchia gelegen, zeigt noch die Stadtanlage des römischen **Ariminum**.

Im schwimmenden Schiffsmuseum von Cesenatico liegen die Prototypen der Barken des nord- und mitteladriatischen Raumes mit ihren farbigen Segeln fest vertäut

Riminis Strandhotels üben meist vornehme Zurückhaltung – denn tagsüber sind die Gäste am Strand zu Hause

Riminis **Seebad**, auf Schwemmland zwischen Bahnlinie und Meer gelegen, ist eine turbulente Badestadt, die turbulenteste an der Adria. Nachts Gedränge in den Discos, tagsüber Gedränge an den Stränden. Vielreihig stehen die Sonnenschirme von **Torre Pedrara** im Norden bis **Miramare** im Süden. Überall Sand vom Feinsten, kaum Grün, ein schläfriges, warmes, seichtes Meer, das in der Hochsaison 100000 Badegäste täglich aufnimmt.

Geschichte **Etrusker** machten Rimini und Spina um 500 v. Chr. zu ihren Lieblingshäfen. 268 v. Chr. war Ariminum **römische Kolonie**, und Straßenbauer des Volkstribunen Gajus Flaminius verbanden sie 220 v. Chr. über die **Via Flaminia** mit der Hauptstadt des Imperiums. Zum Knotenpunkt der römischen *Heerstraßen* avancierte Rimini 187 v. Chr., als auch die **Via Aemilia** von Rimini über Bologna nach Modena, Parma und Piacenza gebaut wurde. Die Stadt wurde wichtig und wohlhabend, schließlich auch kriegerisch.

Nach der langobardischen Eroberung geriet der Ort jedoch ins Abseits und wurde erst im 13. Jh., als freie Stadt im Besitz der Familie **Malatesta**, wieder ein wichtiger Handelsplatz. Über drei Jahrhunderte, von 1503 bis zur Einigung Italiens 1861, verdämmerte Rimini dann unbeachtet an der Peripherie des *Kirchenstaates*. Als der sportliche Graf Baldini im Jahr 1843 die ersten **Badehütten** an den Strand stellen ließ, konnte er die Entwicklung zum beliebtesten Sommerort der Adriaküste nicht einmal ahnen.

Besichtigung Historisch gesehen sollte ein Rundgang durch die **Altstadt** beim **Arco d'Augusto** ①, einem Kaiser Augustus 27 v. Chr. gewidmeten *Ehrenbogen*, beginnen. Die gewaltige Bogenmasse, einst wohl mit einem himmelstürmenden Viergespann geschmückt, erhielt im Mittelalter einen *Giebel* aus ghibellinischen Backsteinzinnen. Kein antiker Bogen mußte Ähnliches über sich ergehen lassen, doch **Zeus** und **Apollo**, **Neptun** und **Minerva** blicken gelassen aus ihren antiken *Medaillons* herab.

Der anschließende Corso d'Augusto ist ein Stück der alten Via Aemilia. An ihm liegt die **Piazza Tre Martiri** ②, das ehem. Forum Romanum. Hoch über die belebten Läden und vielbesuchten Cafés erhebt sich der in den Palazzo Brioli eingebaute Uhrturm **Torre dell'Orologio** von Buonamici mit einer Uhr von 1562. Ein marmorner Säulenstumpf seitlich des achteckigen Kirchleins **S. Antonio** bezeichnet vermutlich den Platz, wo **Caesar** nach der Überschreitung des Flusses **Rubicon** (nördlich von Rimini) stand und die berühmten Worte »Alea iacta est« (Der Würfel ist gefallen) aus-

Besonders sehenswert sind die Seitenkapellen mit den Marmorreliefs von Agostino di Duccio im Tempio Malatestiano, Rimini

rief. Caesar forderte seine Soldaten in flammender Rede auf, loszumarschieren und Pompeius aus Rom zu vertreiben.

Nordwärts geht man durch die Via IV Novembre zum **Tempio Malatestiano** ③. Im Zenith seiner Macht ließ *Sigismondo Malatesta* (1418–1478) die romanisch-gotische *Franziskanerkirche* großzügig umbauen. Die Entwürfe lieferte der Florentiner Baumeister **Leon Battista Alberti**. Für die Neugestaltung des Innenraums verpflichtete Malatesta den Medailleur und Pisanello-Schüler Matteo dei Pasti, für die Dekorationen der Seitenkapellen den Bildhauer *Agostino di Duccio*.

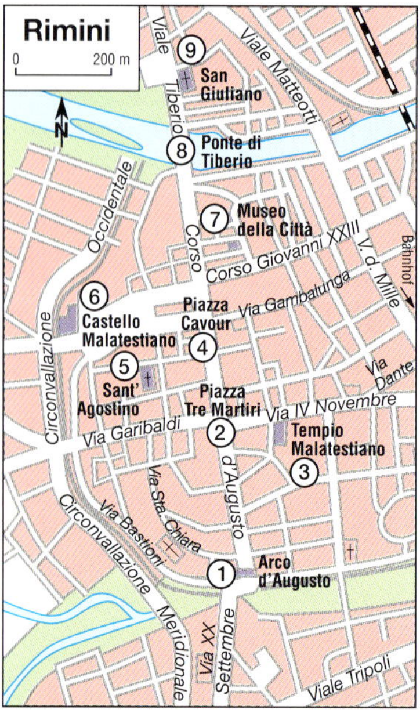

Alberti, Vertreter der Frührenaissance, entwarf den Tempio in klassisch-antiken Bauformen, in Anlehnung an die Architektur des Arco d'Augusto. Die ab 1450 rasch fortschreitenden Bauarbeiten mußten allerdings 1460 eingestellt werden, da die Malatesta ihre Macht eingebüßt hatten. Die weiße, durch vier korinthische *Halbsäulen* gegliederte und mit vielen Ornamenten geschmückte **Marmorfassade** blieb unvollendet. Albertis krönende *Kuppel* existiert nur als Zeichnung. Ein hoch gewölbtes *Mittelportal* führt in den großen **Innenraum** mit der gewaltigen Holzsparrendecke, wo Formen der Gotik und Frührenaissance einander ergänzen. Rasch erhellt Sigismondo Malatestas Idee: Er hatte ein *Familien-Pantheon* geplant. Die sechs vorderen der insgesamt acht *Kapellen* – von seinem Renaissance-Grab beim Eingang ausgehend – sind ihm unmittelbar oder mittelbar gewidmet. In der **Cappella delle Reliquie** (anschließend an die 1. Kap. rechts) dominiert das berühmte Fresko ›Der Fürst kniet vor dem hl. Sigismund‹ von Piero della Francesca. Der Künstler malte den Fürsten zwar sanft und fromm, doch Sigismondo war ein Gewaltherrscher und Mörder. Eine seiner Gattinnen verurteilte er zum Tode, die nächste erwürgte er eigenhändig, und nur die letzte, Isotta degli Atti, gewann einen dauerhaften Platz in seinem Leben. Ihr monumentales *Grab* in der von Duccio gestalteten **Cappella di Isotta** (2. Kap. rechts), wo zwei Elefanten, Wappentiere der Malatesta, den Sarkophag tragen, ist ungemein reich an heraldischem Schmuck und reizenden Putten von Matteo dei Pasti. Rechts an der Wand befindet sich ein auf Holz gemaltes *Kruzifix*, das Giotto zugeschrieben wird. Immer wieder fallen Werke **Duccios** ins Auge, z. B. die 18 marmornen *Basreliefs* mit phantasievollen Darstellungen der Planeten und Tierkreiszeichen (3. Kap. rechts). Mit Noblesse und kräftigen Farbeffekten in Blau und Gold gestaltete er die **Arca degli Antenati** (Grabmal der Ahnen; 1. Kap. links). Heiter dagegen, fast kindlich umspielen

Bahnbrechender Entwurf – Alberti setzte mit dem Tempio Malatestiano Maßstäbe für einen von der Antike inspirierten Klassizismus

seine zauberhaften Putten die **Grabkapelle** der beiden ersten Fürstenfrauen Ginevra d'Este und Polissena Sforza (2. Kap. links). In der 3. Kapelle links sind schöne Marmorreliefs der ›artes liberales‹, der Freien Künste, zu sehen. Eine Kostbarkeit ist das Gemälde *Giorgio Vasaris* ›Der hl. Franziskus empfängt die Wundmale‹ an der Apsiswand.

Folgt man dem Corso d'Augusto nordwestwärts, erreicht man die **Piazza Cavour** ④, den mittelalterlichen Kern Riminis. Im Umkreis von Giovanni da Carraras **Fontana della Pigna**, die schon Leonardo da Vinci so sehr gefiel, stehen der romanisch-gotische *Palazzo dell'Arengo* aus dem 13. Jh., der Renaissance-Palast *Garampi* und der gotische *Palazzo del Podestà*.

Lohnend ist ein Abstecher über die Via Sigismondo zur Chiesa **S. Agostino** ⑤. Auf wunderbare Weise legte 1916 ein Erdbeben in der Kirche einen kostbaren **Freskenzyklus** aus dem 14. Jh. frei, den Meister der *Schule von Rimini* gemalt haben. In dem Gemälde ›Auferstehung der Drusiana‹ kann man im Kreis der Dichter Dante und Petrarca entdecken.

Von der Piazza Cavour ist es nicht weit zum **Castello Malatestiano** ⑥. In der Burg ist das **Museo delle Culture Extraeuropee Dinz Rialto** untergebracht (Mo–Fr 8.30–13.30, Sa, So 15.30–18.30 Uhr), eine ethnographische Privatsammlung außereuropäischer Kulturen.

In der Via Tonini 1 befindet sich das **Museo della Città** ⑦ (Mo–Fr 8.10–13.30, So 15.30–18.30 Uhr, Di, Do auch 15.30–18 Uhr, Sa 8.30–12.30 und 15.30–18 Uhr), dessen *Archäologische Abteilung* einen guten Einblick in die Geschichte der Stadt gibt. Die *Gemäldegalerie* zeigt Werke der Rimini-Schule des 14. Jh.

Über den Corso d'Augusto erreicht man die Chiesa **S. Maria in Corte**, eine uralte Servitenkirche, die im 18. Jh. dekorativ ausgestaltet wurde. Schließlich trifft man auf den **Ponte di Tiberio** ⑧, der den Corso beschließt. Diese 21 n. Chr. vollendete fünfbogige Brücke aus mächtigen Travertinquadern trägt noch immer den Stadtverkehr.

In der alten Fischervorstadt jenseits der Brücke ist die Chiesa **San Giuliano** ⑨ dem Heiligen gewidmet, dessen Gebeine in einem römischen Sarkophag bewahrt werden. Paolo Veronese malte das Hochaltarbild ›Martyrium des hl. Julian‹, und ein Polyptychon des Bittino da Faenza (1409) erzählt die Lebens- und Leidensgeschichte des Heiligen.

Ganz andere Assoziationen erweckt das **Seebad Rimini:** Die Strandzone mit der viele Kilometer langen **Meerpromenade** ist nicht nur für das Auge, sondern auch für die Seele gemacht. Hier zählen

Sonne, Salzwind, Spaß, Sport, lange Nächte, laute Discos, Jubel und Trubel.

Praktische Hinweise

Information: IAT, Via Dante 86 (Bahnhof), Tel. 05 41 51 33 1, Fax 0 54 12 79 27. IAT Rimini Mare, Piazzale F. Fellini, Tel. 0 54 15 69 02, Fax 0 54 15 65 98

Flughafen: Miramare, Via Flaminia (5 km), Auskunft: Tel. 05 41 37 31 32

Parkplätze: Parco O. Bondi (nahe Arco d'Augusto), Viale Tiberio (bei Ponte di Tiberio), Piazza Malatesta (Castello), Piazza Gramsci (Tempio Malatestiano).

Hotels

TOP TIP

*****Grand Hotel**, Via A. Capellini 3, Tel. 0 54 15 60 00, Fax 0 54 15 68 66. Berühmtes Haus, berühmte Gäste, in opulenter Gründerzeitarchitektur.

****Ambasciatori**, Viale Vespucci 22, Tel. 0 54 15 55 61, Fax 0 54 12 37 90. Modernes, zentral gelegenes Haus mit Park und Schwimmbad (geöffnet Juni–Sept.).

***Bincamano**, Via Capellini 1, Tel. 0 54 15 54 91, Fax 0 54 15 52 52. Angenehmes Hotel in zentraler Lage nahe beim Hafen.

***Hotel Corallo**, Viale Vespucci 46, Tel. 05 41 39 07 32, Fax 05 41 39 18 08. Familiäres Haus an der Einkaufsstraße (Fußgängerzone), nur durch die Strandpromenade vom Meer getrennt.

Villa dei Fiori, Viserbella, Via Canuti 6, Tel. 05 41 73 82 20, Fax 05 41 73 56 76. Modernes kleines Hotel mit Schwimmbad, 100 m vom Strand entfernt.

Restaurants

Lo Squero, Lungomare Tintori 7, Tel. 0 54 12 76 76. Am Ende der Meerpromenade, direkt am Meer gelegenes Lokal. Spezialitäten Fische und Meeresfrüchte, gehobene Preisklasse.

Cucina della Nonna, Via S. Aquilina 77, Tel. 05 41 75 91 25. Traditionelle Küche, Zwischengerichte ›alla Bolognese‹, köstliche Fleischgerichte, mittlere Preislage (Mi geschl.).

La Buca, Lungomare Tintori 5, Tel. 0 54 12 37 78. Direkt an der zentralen Strandpromenade gelegen, köstliche phantasievolle Fischküche, allerdings ziemlich teuer.

C'era una volta, Superstrada San Marino 91, Tel. 0 54 17 53 32 68. Heimische Gerichte, Fleischspezialitäten.

29 Santarcangelo di Romagna

Ein Triumphbogen, uralte Gassen und geheimnisumwitterte Grotten.

Man verläßt Rimini über den Ponte di Tiberio und folgt der SS 9 nach Santarcangelo di Romagna. Ein **Triumphbogen** für Papst Clemens XIV. (18. Jh.) auf der *Piazza Ganganelli* leitet in den mittelalterlichen Ort mit seiner lebhaften Atmosphäre über. Auf dem Platz hinter der Collegiata findet noch immer der ›Gioco del pallone‹ statt, ein Spiel mit Trommelball und Armholz. Zum Ambiente Santarcangelos, zur romanischen *Pieve di San Michele*, gehört auch die traditionelle Handwerkstätte für **Stoffdrucke** (Via C. Battisti 15). Hier werden Stoffe noch heute mit der ›mangano‹, einer riesigen schweren Rolle aus dem 17. Jh., gebügelt. Alte Gassen führen zur **Rocca Malatestiana** (Besichtigung nur für Gruppen), in deren Burghof im Sommer das Festival ›Santarcangelo dei Teatri‹ abgehalten wird.

Eine Sehenswürdigkeit der besonderen Art sind **Le Grotte**, Tuffsteingrotten im Innern des Mont Jovis (Eingang Via Fabbri und Piazza Monache; im Sommer 9–12 und 15.30–18.30 Uhr, Führungen). Viele Erklärungsversuche gibt es zu den nahezu 100, von Menschenhand in drei Ebenen gegrabenen Grotten. Der Bogen reicht von vorchristlichen Höhlen über unterirdische Heiligtümer des Gottes Mithra bis zu phantasievollen Obst- und Weinkellern des 19. Jh.

Praktische Hinweise

Restaurants

Osteria La Sangiovese, Via Saffi 27, Tel. 05 41 62 07 10. Stimmungsvolles Lokal in einem alten Palazzo. Romagnolische Küche.

Da Antonio, Via IX Febbraio 3, Tel. 05 41 62 11 78. Traditionelle Küche, Gastgarten, Spezialitäten Pizze und Paella.

ADAC Service- und Reise-Center
Berliner Allee 38-44 Herold-Center
22850 Norderstedt
Tel.: 040/534360-0 Fax.: 040-534360-1

Quittung 2450075/ 15/DA / 1 02.09.9

Sind wir auch schon IHR Reisebüro ???

460200 ADAC REISEFÜHRER

1 Stück x		19,80 =	19,80
i n s g e s a m t	DM		19,80
	(EUR		10,12)
Gegeben	DM		100,0C
Zurück	DM		80,20

Vielen Dank für Ihren Besuch !

Schutzbedürftigkeit ließ die Dächer von Verucchio eng zusammenrücken

30 Verucchio

Wiege der Malatesta.

In Santarcangelo di Romagna verläßt man die SS 9 und fährt auf der südwestwärts führenden Landstraße – links liegt die romanische Chiesa **San Michele** aus dem 6. Jh. – an *Poggio Berni*, einem gefälligen Ort zwischen Oliven- und Eichenhainen, vorüber, zur Marecchia-Brücke und bei *Ponte Verucchio* hügelan nach Verucchio.

Verucchio, 300 m hoch auf einem felsigen Berg über Olivenhängen gelegen, ist uralter Kulturboden. Funde dokumentieren ein kontinuierliches Erbe seit dem 9. Jh. v. Chr. Schon die Träger der *Villanova-Kultur* schätzten die Bergeinsamkeit. Umbrer und Etrusker erkannten die strategische Lage Verucchios hoch über der letzten Talenge, die den Fluß Marecchia in die Ebene entläßt. Nur die Römer zogen furchtlos ins Tal, im Mittelalter wurde der Ortskern wieder auf den Berg verlegt.

Die Straße mündet in die von Palazzi gerahmte **Piazza Malatesta**. Am Sede del Municipio vorüber steigt man zur **Rocca del Sasso** auf. Diese Burg (Sa 14.30–19.30, So 9.30–12.30, 13.30–19.30 Uhr und auf Anfrage, Tel. 05 41 67 98 50), bereits 1144 als ›Castrum Veruculi‹ erwähnt, ist eng mit den **Malatesta** und ihren Nachbarschaftskriegen mit den Herren von Montefeltro verbunden. Schon **Dante** nahm Verucchio in seine ›Divina Comedia‹ auf und unterhielt sich im V. Gesang mit *Francesca da Rimini* über ihre Passion zu Schwager Paolo, die ihr Gatte Giangiotto Malatesta mit dem Todesurteil ahndete.

Durch das S. Agostino-Tor gelangt man zum **Museo Archeologico** (Sa 14.30–19.30, Do, So 9.30–12.30, 14.30–19.30 Uhr und auf Anfrage, Tel. 05 41 67 02 22), das im Convento dei Padri di S. Agostino untergebracht ist. Der Bestand des Museums umfaßt reiche Funde der Villanova-Kultur.

Ein zweiter Weg führt von der Piazza Malatesta über die Via Roma in den mittelalterlichen **Borgo** mit seinen Kirchen und Klöstern, seinen steilen, engen Gassen und ausgetretenen Treppen.

Praktische Hinweise

Information: IAT, Piazza Malatesta 15, Tel. 05 41 67 02 22

Restaurants

La Rocca, Via Rocca 34, Tel. 05 41 67 82 77. Romagnolische Küche mit Gerichten wie ›Strozzapreti con Salsicce e funghi‹ und nach Salbei duftenden Grillspezialitäten.

Hostaria Ro' e Buni', Villa Verucchio, Via Mulino Bianco 697, Tel. 05 41 67 84 84. Stilvolle Räume in einem alten Weingut, Grillspezialitäten.

Der alte Dom von San Leo steht auf dem heidnischen Boden eines Jupitertempels

31 San Leo

In der Festung des malerischen Ortes starb der Okkultist Cagliostro.

Von Verucchio zurück ins Tal und hier der SS 258 folgend geht es über eine Abzweigung nach San Leo. Die Straße steigt stark an, *Bergland* wird sichtbar: im Osten San Marino, im Westen der Monte di Perticara über Novafeltria und im Süden das Bergland von Montefeltro.

Kühn und malerisch ist die Lage von **San Leo** auf dem steil aufragenden Felsblock des **Monte Feretri**, nur eine in den Fels gesprengte *Rampe* macht die Zufahrt möglich. Fast unversehrt erhielt sich das Stadtbild der alten *Burgsiedlung*, und dies, obwohl sich alle durch Italien ziehenden Völker um das Bergnest stritten. San Leo, die Wiege der **Herzöge von Montefeltro**, ging von Hand zu Hand. Die uralte, im 9. Jh. erbaute **Pieve San Leo** versammelt Kunst von Jahrhunderten: ein umbrisches Relief, römische Spolien-Säulen, byzantinische Kapitelle, ein Ziborium von 881 und die **Krypta** als vermeintlichen Schlafplatz des hl. Leo, der sich im 4. Jh. auf dem Monte Feretri niederließ und dort sein Bekehrungswerk begann.

Der nahegelegene romanisch-gotische **Duomo** (12. Jh.) wurde auf den Ruinen eines Jupitertempels errichtet. Vom Grab des hl. Leo blieb nur der **Sarkophagdeckel** erhalten. Kaiser Heinrich II. raubte die Reliquien, die jedoch nie in Deutschland ankamen – Stoff für Legenden.

Das bedeutendste Baudenkmal ist die **Rocca di San Leo** (im Sommer tgl. 9–12.30 und 14–19.30 Uhr). Ein steiler Weg führt zu der imposanten, finsteren Anlage hinauf, die ihr jetziges Aussehen den Plänen des Festungsbaumeisters *Francesco di Giorgio Martini* (1497) verdankt. Nie wurde die Festung eingenommen. Sie sei, schrieb im 15. Jh. der Humanist und Kardinal *Pietro Bembo*, das schönste und größte Kriegswerkzeug der Region. Giuseppe Balsamo, der sich **Alessandro Graf von Cagliostro** nannte – Spiritist, Alchimist, Okkultist und Freimaurer, 1791 zum Tode verurteilt –, wurde von Papst Pius VI. zur Haft in San Leo begnadigt. Viereinhalb Jahre lebte er unter der Falltüre in einer Kellerzelle bis er an den Folgen der Folter starb.

Praktische Hinweise

Information: Pro San Leo, Piazza Dante 14, Tel. 05 41 91 62 31

Restaurant

Castello, Tel. 05 41 91 62 14. Bescheidenes Lokal mit wunderbarer Aussicht auf das Tal. Köstlich die ›vincisgrassi‹, ein gefülltes, im Ofen gebackenes Nudelgericht (Di geschl.).

San Marino – Trutzburg der Freiheit

Effektvoll ragt die isolierte Felsmasse des burgengekrönten Monte Titano (745 m) aus der weichen Hügellandschaft südlich von Rimini. Am steilen Abhang des Berges liegt die Hauptstadt des gleichnamigen Zwergstaates hoch über der Adria. Hier tragen die Ehrengarden Federbüsche am Helm, und die Sanmarinesen schlüpfen an Staatsfeiertagen noch immer in historische Kostüme, um der Gegenwart, die von bunten Briefmarken, Touristen und einer faszinierenden Aussicht lebt, Vergangenheit und Romantik einzuhauchen.

32 San Marino

Häuser mit Wurzeln aus Stein. Zuflucht für viele, selbst für einen Walfisch.

Die SS 72 verbindet Rimini Sud über Serravalle und Domagnano mit der alten, in den Felshang eingebauten Marktstadt **Borgo Maggiore**. Hier kann man entweder die Funivia (Drahtseilbahn) oder die weiterführende Straße nach *Città San Marino* nehmen.

Die Lage ist grandios: San Marino überschaut die ganze grüne Hügelwelt bis zu den Bergnestern im Montefeltro und den Ausläufern des Apennin.

Geschichte 17 Jahrhunderte alt ist die ›antica terra della libertà‹ auf dem gewaltigen Kalksteinblock des **Monte Titano**, der ursprünglich am Meeresgrund lag und durch die Bewegung der Erdkruste im Miozän hierhergewandert ist. Eine These, die der Fund eines versteinerten **Walfischs** knapp unterhalb des Gipfels erhärtet hat. Immer war die Bergstadt eine *Trutz- und Fluchtburg*. Schon ihr sagenhafter Gründer, ein Steinmetz namens **Marinus**, zog sich vor der diokletianischen Christenverfolgung 301 n. Chr. schutzsuchend in die Wälder des Monte Titano zurück. Der 23. September 301 gilt als offizielles **Gründungsdatum** des Zwergstaates, der hl. Marino als ›Libertatis fundator‹ (Begründer der Freiheit). Die ›Libertas perpetua‹, die ewige Freiheit, wurde zwar nicht festgeschrieben, doch die Bewohner gaben sich im 13. Jh. selbst die **Verfassung** einer freien, unabhängigen Comune. Trotz nachbarlicher Aggressionen blieb es dabei: Der Kirchenstaat tolerierte letztendlich ihre **Unabhängigkeit**, und selbst das geeinte Italien erkannte die Republik an. Sie wurde ein Dorado für Flüchtlinge, blieb in den beiden Weltkriegen neutral und erlitt dennoch den Bombenhagel britischer Flugzeuge.

Heute liegt die Gesetzgebung in den Händen der 60 Abgeordneten des **Consiglio Grande e Generale**, die ausübende Gewalt bei den 10 Mitgliedern des *Congresso di Stato* und bei den beiden **Capitani Reggenti**, die alle sechs Monate wechseln. 23000 Sanmarinesen – fast ebenso viele sind ausgewandert – leben von Münzprägung, der Ausgabe von Briefmarken, vom Tourismus, von Zollfreigütern, etwas Industrie, Oliven und Wein. Seit wenigen Jahren besitzt San Marino eine **Universität**, für deren Aufbaujahre man den berühmten Autor **Umberto Eco** als Rektor bestellte.

Erst 100 Jahre alt ist der Palazzo Pubblico auf der Piazza Libertà in San Marino

Besichtigung Von den Parkplätzen unterhalb der Stadtmauer (Piazzale Bellucci und Piazzale Calcigni) betritt man die **Altstadt** durch die wappengeschmückte **Porta San Francesco** (14. Jh.). Von der Bergstation der Funivia erreicht man die *Contrada del Pianello*, die einen Blick auf die Cava dei Balestrieri zuläßt, wo sanmarinesische Armbrustschützen Tag für Tag ihre Treffsicherheit üben.

Das Centro Storico ist mittelalterlich verschachtelt. Unmittelbar hinter der Porta San Francesco trägt die Minoritenkirche **San Francesco** die Last und die Umbaulust von 600 Jahren. Interessanter ist die in den Klosterloggien untergebrachte kleine **Pinakothek** mit Gemälden des 13.–16. Jh.

Charakteristisch ist die steile malerische **Via Antonio Orafo** mit ihren Steinhäusern, die wie die unbehauene Fassade des *Palazzo Giangi* und die verwitterte **Casa Simoncini**, wo Giuseppe Garibaldi Zuflucht fand, so effektvoll Alter und Bodenschwere symbolisieren. Sehr typisch ist auch die **Via Carducci** mit den kleinen, alten Regierungspalästen, den Treppen zum *Stadtgarten* und der ehrwürdigen Chiesa **S. Chiara** mit einer ›Assunta‹ von Federico Zuccari (1542) auf dem Altar. Von hier geht es zur Porta della Rupe (Felsentor).

Wie ein Schiff aus Fels ragt der Monte Titano mit den wehrhaften Burgen und Festungsmauern über San Marino auf ▷

Wächter der ›ewigen Freiheit‹ – Uniformierter im Dienste der Minirepublik

Alle Wege führen letztendlich zur **Piazza Libertà** mit der von einer Engländerin gestifteten Freiheitsstatue. Grandios ist der *Ausblick* von der Rampe – ringsum liegt das wellige Italien zu Füßen. Das mittelalterliche Aussehen des **Palazzo Pubblico** (in der Hauptsaison 8–20 Uhr, ansonsten 9–12.30 und 14.30–17 Uhr) trügt. Der Bau wurde erst 1884–94 anstelle des *Domus comunis magna* (1380–92) errichtet. Nobelpreisträger **Giosue Carducci** hielt hier 1894 eine vielzitierte Eröffnungsansprache über die ›Libertas perpetua‹ der Mini-Republik. Auch die **Innenräume** des Palazzo Pubblico sind mittelalterlich geprägt und reich dekoriert. Über dem *Doppelthron* der Capitani Reggenti gemahnt ein Bild des allgegenwärtigen hl. Marinus die Ratsherren an die Prinzipien der Freiheit.

Die **Reliquie des hl. Marino** wird in der **Basilica del Santo** (19. Jh.) aufbe-

wahrt, deren Fassade neoklassischen Stil zeigt. Von der *Sakristei* aus gelangt man durch einen Felsengang zum Kirchlein **S. Pietro** mit einer aus dem Fels gehauenen *Apsis*, die als Schlafstätte der hll. Marinus und Leo gilt.

Der Treppenweg Salita alla Rocca führt zu den alten Festungen (11.–14. Jh.) hinauf. In der **Rocca**, auf steilabfallendem Fels, wachten die Sanmarinesen schon im 12. Jh. über ihr Land. Faszinierend ist der Weg von der Rocca zur Burg **Cesta** (oder Fratta) auf dem Gipfel des **Monte Titano** (Museum antiker Waffen) und weiter zur **Montale**, einem fünfeckigen Turm, den einst eine gewaltige Mauer mit den beiden Festungen verband. Bei klarer Fernsicht schaut man gegen Norden weit über die adriatische Westküste bis zu den Colli Euganeii und gegen Osten über die Adria hin bis zu den Bergen Dalmatiens.

Praktische Hinweise

Information: Ufficio di Stato per il Turismo, Palazzo del Turismo, Tel. 05 49 88 24 10, Fax 05 49 88 25 75

Hotels und Restaurants

****Hotel Titano**, Contrada del Collegio 21, Tel. 05 49 99 10 06, Fax 05 49 99 13 75. Stilvolles Haus mitten im Herzen der Altstadt mit Panoramarestaurant auf der Terrasse.

*****Albergo La Grotta**, Contrada Santa Croce, Tel. 05 49 99 12 14, Fax 05 49 99 22 42. Klein, ruhig, im Zentrum gelegen, hübsch eingerichtet, Restaurant mit typischer Küche.

Ristorante Righi La Taverna, Piazza della Libertà, Tel. 05 49 99 11 96. Bezaubernde Lage am Hauptplatz. Gemütlich-elegantes Ambiente, gehobene Preisklasse. TOP TIP

Von Rimini bis Pesaro – wo der Apennin nach den Stränden greift

Die Küstenebene wird schmaler, Hügel rücken näher ans Meer, Riccione und Cattolica sind die letzten übergroßen Badeorte, ehe sich bei Gabicce Mare ein breiter *Felsriegel* des Apennin bis ans Meer vorschiebt und eine bewegtere, abwechslungsreichere Küste mit meist aus *Fischersiedlungen* hervorgegangenen Badeorten einleitet. Die SS 16 und im Hinterland die Autobahn A14 folgen der Küstenlinie.

33 Riccione

Viel Grün, Thermen und exklusive Läden.

Aus einem unbedeutenden, verschlafenen Dorf begann sich erst zur Jahrhundertwende die heutige **Badestadt** zu entwickeln. Großgeschrieben: Erholung in und am Wasser, Sport, Fitneß, Vergnügen Tag und Nacht. Von der hundertjährigen Tradition als **Kurort** zeugt der Komplex ›Terme‹ nahe dem Abissinia-Strand. Die Sehenswürdigkeiten sind auf den hübschen, baumbestandenen **Viale Ceccarini** und die größte Wasserrutschbahn Europas im *Aquapark* ›Aquafan‹ reduziert.

Praktische Hinweise

Information: IAT, Piazzale Ceccarini 10, Tel. 05 41 69 33 02, Fax 05 41 60 57 52

Hotels

[Saison: Mai bis Ende September]

*******Grand Hotel des Bains**, Viale Gramsci 56, Tel. 05 41 60 16 50, Fax 05 41 60 63 50. Traditionshaus mit Restaurant, bestes Hotel am Platz.

******Lungomare**, Lungomare della Libertà, Tel. 05 41 69 28 80, Fax 05 41 69 23 54. Angenehmes Haus, zentral, in der Nähe des Touristenhafens gelegen.

*****Darsena**, Via Galli 5, Tel. 05 41 64 80 64, Fax 05 41 64 22 64. In Hafennähe mit Restaurant und Garten.

****Mignon**, Viale d'Annunzio 143, Tel. 05 41 64 20 16, Fax 05 41 64 52 32. Alle Zimmer mit Bad, Haus mit kleinem Garten in Strandnähe, ohne Restaurant.

Restaurants

Al Pescatore, Via Ippolito Nievo 11, Tel. 05 41 69 27 17. Dicht bei der Fußgänger- und Shoppingzone. Spezialität: Fische vom Tagesfang. Gehobene Preisklasse.

Da Fino, Via Galli 1, Tel. 05 41 64 85 42. In Hafennähe, romagnolische Küche.

34 Cattolica

Feriengäste kommen seit 1820. Nordeuropas Urlauberströme treffen sich hier noch heute auf der Suche nach der Sonne.

Misano Adriatico und Cattolica, fast schon zusammengewachsen, bilden das südliche Ende der romagnolischen Küste. Die marchigianischen Felshügel geben den letzten breiten Stränden eine effektvolle ›Skyline‹.

Cattolica, einst römische Poststation an der Via Flaminia, jahrhundertelang ein stilles Fischernest, ernannte sich nach einem Besuch von Napoleons Bruder, Luciano Bonaparte, 1823 selbstgefällig zum **Badeort**. Mit Verve hat es die kühnen Träume von damals eingeholt und überholt. Badeaufenthalte gestalten sich zum **Dauerfest**: 2 km Sandstrand vom feinsten, 108 Badeanstalten, *Felsenriffs* zum Bräunen mitten im Meer, Klippen zum Fischen, Diskotheken, Weinkeller und Tanzschiffe, um die Nacht zum Tag zu machen. Endlos ist die Kette der möglichen **Aktivitäten**, der Touren zu den Burgen des Conca-Tals, zum malerischen ›Kräuterdorf‹ Saludecio, in die ruhige Altstadt von Montescudo, nach Montefiore Conca mit seiner gewaltigen, mittelalterlichen Burg, nach Mondaino, wo ein Gespenst in den sagenumwobenen unterirdischen Gängen spukt.

Fit durch Fun:
Bräunen am Strand von Riccione, kaltes Eis für heiße Nächte in Cattolica, eine Promenade in Riccione zum Träumen, Einkaufen und Kaffee trinken

▷

Praktische Hinweise

Information: IAT, Piazzale Nettuno 1, Tel. 05 41 96 33 41, Fax 05 41 96 33 44

Hotels

[Saison: Mai bis September]

*****__Caravella__, Via Padova 6, Tel. 05 41 96 24 16, Fax 05 41 96 24 17. Modernes Haus mit Restaurant, Schwimmbad und Tennisplätzen.

****__Park__, Via Rasi Spinelli 46, Tel. 05 41 96 15 03, Fax 05 41 95 15 03. Elegant und direkt am Strand.

***__Marconi,__ Via Marconi 68, Tel. 05 41 96 22 19, Fax 05 41 96 75 33. Kleineres modernes Haus mit schattigem Garten in Strandnähe.

***__Maxim__, Via Facchini 7, Tel. 05 41 96 21 37, Fax 05 41 96 76 50. Blendend weißes, nicht zu großes Hotel mit schönem Swimmingpool.

**__Lungomare__, Via Rasi Spinelli, Tel. 05 41 96 12 10, Fax 05 41 96 12 10. Einfach, preisgünstig, direkt am Strand.

Restaurants

La Lampara di Mario, Piazzale Darsena, Tel. 05 41 96 32 96. Nouvelle Cuisine mit romagnolischem Einschlag. Phantasievolle Vorspeisen. Obere Preisklasse (Di geschl.).

Il Marinaro, am Hafen, Tel. 05 41 96 15 30. Spezialität: Meeres-Tagliolini und ›Rustide‹, gegrillter Fisch.

35 Gabicce Mare und Gradara

Ein Badestädtchen mit Bergprofil und ein Ort mit romantischer Burg.

Der Apennin-Ausläufer **Gabicce Monte** bringt Plastizität in die Landschaft, die marchigianische Küste beginnt mit diesem Paukenschlag aus Fels. **Gabicce Mare** drängt sich an die Strandbucht, nimmt noch Teil am adriatischen Urlaubsleben, hat aber mit der *Strada Panoramica* auf seinen Hausberg den anderen berühmten Nachbarorten viel voraus: Ausblicke weitum.

Von Gabicce erreicht man auf kurzen Nebenstraßen **Gradara**, einen im Kern überaus pittoresken *mittelalterlichen* Ort mit zinnengekrönten Mauern, alten Palazzi, Türmen und einer mächtigen **Rocca**. Romantiker, die in fast jeder malatestianischen Burg den einzig wahren Schauplatz der *Liebestragödie* zwischen Francesca da Rimini und ihrem Schwager Paolo Malatesta sehen, werden auch hier in Gedanken fündig. Dante, Lord Byron und Gabriele d'Annunzio nahmen sich des Stoffes von der jungen, untreuen Ehefrau und dem rachsüchtigen alten Ehemann an. Nur Historiker sind sich des Schauplatzes nicht sicher. Einige **Säle** der Rocca, in der auch *Lucrezia Borgia* gewohnt haben soll, kann man besichtigen, in der **Kapelle** befindet sich ein Altarbild von Andrea della Robbia.

Praktische Hinweise

Information: APT, Viale della Vittoria 42, Tel. 05 41 95 44 24, Fax 05 41 95 35 00

Hotel und Restaurant

****__Capo Est__, Via Panoramica 123, Tel. 05 41 95 33 33, Fax 05 41 95 27 35. Zauberhafte Höhenlage, Aufzug vom Strand.

Ristorante Il Traghetto, Via del Porto 27, Tel. 05 41 95 81 51. Kreative Fischküche.

36 Pesaro

Geburtsort Gioacchino Rossinis mit einer berühmten Keramiksammlung.

Im Hügelland am Ausgang des Foglia-Tales liegt die *Industrie-* und *Hafenstadt* Pesaro mit ihrer Hotelzeile am Meer.

Die frühe Gründung der Etrusker, das **Pisaurum** der Römer, erlebte seine Blütezeit als kleiner **Fürstenhof** unter der Herrschaft der Malatesta, Sforza und della Rovere im 13.–16. Jh. Die Signori ließen in der heute ausufernden Großstadt einen *historischen* Kern zurück, der sich im zinnengekrönten **Palazzo Ducale** (15./16. Jh.) an der Piazza del Popolo am besten manifestiert. *Lucrezia Borgia* lebte hier als Kurzzeitehefrau in Teenagertagen. Am Hof der kunstsinnigen *Herzöge della Rovere* verkehrten Bernardo und Torquato Tasso, Ludovico Ariosto und Pietro Bembo. Das eigentliche *Musenzentrum* waren jedoch nicht der Palazzo Ducale und sein Festsaal ›Salone Metaurense‹, sondern die etwas außerhalb gelegene **Villa Imperiale**.

Im Hinterland von Cattolica präsentiert sich Gradara im mittelalterlichen Gewand. Mauern, Türme, Zinnen, Malerwinkel, in Würde gealtert, lohnen einen Abstecher

Kaiser Friedrich III. legte 1469 den Grundstein, *Dosso Dossi*, Hauptmeister der ferraresischen Schule, und Bronzino, Hofmaler der Medici, schufen die dekorativen **Fresken** in den Sälen (nur bei gelegentlichen Führungen zugänglich).

Ein kleiner Stadtrundgang führt von der **Piazza del Popolo** über die Via Rossini (rechts kurzer Abstecher in die Via S. Francesco zum Santuario della Madonna delle Grazie) zur **Casa di Rossini** (tgl. 10–12 und 16–19 Uhr), dem bescheidenen Geburtshaus des Komponisten, und über die Via Mazzolari zum *Palazzo Toschi-Mosca* mit den **Musei Civici** (Mai–Sept. Di–Sa 9–20 Uhr, im Winter 8.30–13.30, So 9.30–13 Uhr).

Gioacchino Rossini, Pesaros großer Sohn, sitzt wuchtig auf dem Denkmalsockel

Höchst qualitätvoll sind die Gemälde **Giovanni Bellinis** in der Pinakothek, vor allem die ›Pala di Pesaro‹, eine Marienkrönung, die 1473 entstand. Ganz ausgezeichnet ist die reiche **Keramiksammlung**, Schwerpunkte sind Werke der Renaissance und des Barock. Die schönsten Stücke kommen aus der nahen Umgebung, aus Umbrien und den Marken.

Praktische Hinweise

Information: APT, Via Mazzolari 4, Tel. 07 21 69 34 1, Fax 07 21 30 46 2

Hotels

******Bristol**, Piazzale della Libertà 7, Tel. 07 21 30 35 5, Fax 07 21 33 89 3. Zentral, jedoch an der schmaleren Spiaggia di Levante gelegen.

*****Spiaggia**, Viale Trieste 76, Tel. 07 21 32 51 6, Fax 07 21 35 41 9. Mit Restaurant, direkt an der bis 100 m breiten Spiaggia di Ponente.

Restaurants

Da Teresa, Viale Trieste 180, Tel. 07 21 30 09 6. Vielbesuchtes Lokal, Feinschmeckerküche zu vernünftigen Preisen (Anmeldung erbeten).

Da Alceo, Via Panoramica Ardizio, Tel. 07 21 55 87 5. Hübsche Hügellage mit prächtiger Fernsicht. Delikate Fischküche (So abend und Mo geschl.).

Von Pesaro ins Hügelland und nach Ancona – über Seitenstraßen zum Glanz der Vergangenheit

Immer wieder verlockt die volle runde *Hügellandschaft* unter bizarren Wolkenstimmungen zu Ausflügen ins Hinterland – weg von der abwechslungsreichen Küste. In den Hügeln der Marken bieten sich überall Impressionen von Gleichmaß, keine ungebändigte Urlandschaft, aber auch gebändigt noch immer Landschaft im besten Sinne des Wortes. Zwischen den Hügeln verbirgt sich die Renaissancestadt Urbino.

37 Urbino

Die Geburtsstadt Raffaels, Zentrum des italienischen Humanismus.

Zur Fahrt von Pesaro nach Urbino wählt man am besten die SS 423. Zwischen den Tälern der *Foglia* und des *Metauro* gelegen, wirkt Urbino zunächst zusammengedrängt, wehrhaft und abweisend wie ein Nest aus rotbraunem Backstein.

Umbrer und Etrusker bauten das erste Dorf auf der Bergkuppe, das **Urvinum Metaurense** der Römer war bereits eine befestigte Stadt. Die Adelsgeschlechter der Montefeltro und della Rovere schufen die Grundlagen jenes Reichtums, der den Herzogshof im 15. Jh. zu einem bedeutenden Zentrum des italienischen Humanismus werden ließ.

Gewaltig, fast maßlos, beherrscht der **Palazzo Ducale**, eine *Palaststadt*, Urbino. Der von Federico da Montefeltro 1422 veranlaßte Bau hat zwei Schauseiten. Die schöne, von *Luciano Laurana* entworfene **Facciata dei Torricini** wird flankiert von minarettartigen Türmchen. Die strenge **Facciata ad ali** wendet sich ostwärts der Piazza Duca Federico zu. Um den von Laurana in vollkommener Renaissance entworfenen **Cortile d'Onore** (Ehrenhof) gruppieren sich repräsentative **Säle**, die mit unzähligen Kunstwerken geschmückt waren. Doch als das Herzogtum an die Kirche fiel, brachten die päpstlichen Legaten die Gemälde und die berühmte *Bibliothek* nach Rom. Sie ließen sogar Friese und Reliefs von den Wänden klopfen.

Die schönen Gobelins in der Sala del Trono des Palazzo Ducale sind im 17. Jh. angefertigte Kopien der Wandbehänge im Vatikan, zu denen Raffael die Zeichnungen lieferte

Kulturstadt Urbino: wie eine gewaltige Fata Morgana beherrscht der Palazzo Ducale mit der Facciata dei Torricini das sanft gewellte montefeltrische Hügelland

Zurück blieb eine riesige Residenz mit *intarsiengeschmückten* Räumen von großer Schönheit, in denen heute die **Galleria Nazionale delle Marche** (Di–Sa 9–19 Uhr) untergebracht ist. Von **Raffael** stammen die Entwürfe für die Gobelins in der Sala del Trono. **Giovanni Bellini** malte die ›Sacra Conservazione‹ im Appartamento della Duchessa. In der *Sala degli Angeli*, mit einem Portal, zu dem **Sandro Botticelli** die Entwürfe zeichnete, hängt **Raffaels** ›La Muta‹ (Die Stumme). **Paolo Uccello** schuf die berühmte *Predella* mit den ›Geschichten von der Entweihung der Hostie‹, der Flame **Joos van Gent** ›Die Kommunion der Apostel‹ in der Camera da letto del Duca. **Piero della Francesca** beweist mit ›Die Geißelung Christi‹, ›Die Madonna von Senigallia‹ und ›La Città Ideale‹ sein besonderes Raumgefühl und Interesse für Architektur. Der erlesenen, mit vielfarbigen Marmorstücken getäfelte **Cappella del Perdono** liegt vermutlich ein Entwurf des jungen, in Fermignano bei Urbino geborenen **Bramante** zu Grunde.

Fast gleichzeitig mit dem Palazzo Ducale wurde der **Duomo** errichtet, nach schweren Erdbebenschäden jedoch 1789 im klassizistischen Stil neu aufgebaut. Im **Innenraum** beachte man in der *Cappella del Sacramento* das herausragende ›Letzte Abendmahl‹ des in Urbino geborenen **Federico Barocci**.

Die *Piazza della Repubblica* leitet zur Chiesa **San Francesco** (Säulengang aus dem 14. Jh.) und zur **Casa di Raffaello** (April–Okt. Mo–Sa 9–13 und 15–19 Uhr, im Winter 9–14 Uhr, So 10–13 Uhr) über. In Raffaels Geburtshaus zeigt man Gemälde und Kopien der Werke von *Giovanni Santi* und seinem Sohn Raffael, darunter dessen Erstlingswerk, ein **Madonnenfresko** in der Camera di Raffaelo.

Die ›Madonna mit Kind‹ in der Casa di Raffaello – ein Jugendwerk des Meisters

Fresken in zarten Farben und vergeistigten Formen malten die Brüder Salimbeni im Oratorio San Giovanni. Zeugen der Taufe Christi sind neben Heiligen auch Edelleute des 15. Jh.

Lohnend ist ein Abstecher in die schmale Via Barocci (Nr. 18, Geburtshaus von Federico Barocci) zur Chiesa **San Giuseppe**, deren Eingangsraum eine große Grotte darstellt.

Diese verwandelte Federico Brandani im 16. Jh. in eine Szenerie des *Stalles von Bethlehem*. Das kleine Oratorio **San Giovanni** schmückten Lorenzo und Jacopo Salimbeni im beginnenden 15. Jh. mit einem spätgotischen **Freskenzyklus**. Ausgehend von der bewegenden ›Kreuzigung‹ an der Apsiswand ist die Vita Johannes d. T. dargestellt.

Praktische Hinweise

Information: APT, Piazza Rinascimento 1, Tel. 07 22 26 13, Fax 07 22 24 41

Hotels und Restaurant

******Mamiani**, Via Bernini 6, Tel. 07 22 32 23 09, Fax 07 22 32 77 42. 2 km außerhalb gelegenes modernes Hotel, ruhig und mit angenehmer Atmosphäre.

****Bonconte**, Via delle Mura 28, Tel. 07 22 24 63, Fax 07 22 47 82. Einfaches Haus in der Nähe der Stadtmauer.

Ristorante Vecchia Urbino, Via dei Vasari 3/5, Tel. 07 22 44 47. Leckerbissen wie Trüffelcrêpes und getrüffelte Crostini (Di geschl.).

38 Senigallia

Weiße Hotelzeile und eine Altstadt aus gelbbraunen Backsteinen.

Die Adriatica Sud erreicht kurz nach Fano den *Fiume Metauro*. Schulerinnerungen an Titus Livius, die Punischen Kriege und Hasdrubal stellen sich ein: Am Metauro verlor das karthagische Entsatzheer die Schlacht gegen die Römer und Hasdrubal sein Leben. Senigallia wurde die erste **römische Kolonie** an der Adria. Doch die Wichtigkeit hatte nicht Bestand: zu viele regionale Kriege, zu viele verlorene Schlachten, zu viele Herrscher und zu früh (1854) die Idee, sich als **Sommerbad** zu deklarieren. Es dauerte hundert Jahre, ehe das heutige große **Touristenzentrum** daraus wurde.

Senigallia besteht aus zwei durch die Eisenbahnlinie geteilten Vierteln: dem **Hotelviertel** an der Spiaggia Levante und Spiaggia Ponente und der **Altstadt**, die von der **Rocca Roveresca** dominiert wird. Die von Baccio Pontelli als gewaltige Verteidigungsanlage konzipierte Burg kann besichtigt werden (Sept.–Juni Di–Sa 9–12 und 16–19 Uhr, Juli/Aug. Mo–Sa 9–13 und 17–22 Uhr, So 9–19 Uhr). Der **Palazzo del Duca** des Guidubaldo della Rovere scheint eher bescheiden für den Herzog, der in Urbino so großartig Hof hielt. Besondere Sehenswürdigkeiten findet man in der

Chiesa **San Martino** (Via Marchetti): eine ›Madonna mit Kind‹ und eine ›hl. Anna‹ von **Guercino** und eine ›Madonna‹ von **Palma il Giovane**. *Federico Barocci* aus Urbino war der Maler des Altarbildes ›Grablegung Christi‹ in der **Chiesa della Croce**. Man beachte, wie geschickt er den heimatlichen Palazzo in die Komposition integrierte.

Werke von Federico Barocci und Künstlern der Marken aus dem 16. Jh. sind in der **Pinacoteca Diocesano di Arte Sacra** im *Palazzo Vescovile* (tgl. 10–12 und 17.30–19.30 Uhr) zu sehen. Die z. T. sehr schönen und sehr wertvollen Exponate trösten über das Fehlen von Kostbarkeiten im **Duomo** hinweg. Sigismondo Malatesta, der rüde Condottiere mit viel Kunstverstand und Kunstgier, ließ den ursprünglichen byzantinischen Dom abreißen und die Steine für seinen Tempio Malatestiano [s. S. 94] verwenden.

Eine Abzweigung führt von der SS 16 südlich von Marina di Montemarciano nach Chiaravalle und **Iesi**. Die Geburtsstadt Kaiser Friedrichs II. von Hohenstaufen besitzt im mauernumgebenen **Centro Storico** würdevolle Paläste, alte verwinkelte Gassen und verschachtelte, malerische Häuser.

Praktische Hinweise

Information: APT, Palazzo del Turismo, Piazzale Morandi 2, Tel. 07 17 92 27 25, Fax 07 17 92 49 30

Hotels und Restaurants

****Ritz**, Lungomare Dante Alighieri 142, Tel. 07 16 35 63, Fax 07 17 92 20 80. Komfortables Hotel mit Restaurant, in guter Strandlage (geöffnet 15. Mai–15. Sept.).

***Diana**, Lungomare Leonardo da Vinci 81, Tel. 07 17 92 54 92. Modernes Haus mit Privatstrand und Garten.

Olimpia, Lungomare Leonardo da Vinci, Tel. 07 16 44 78, Fax 07 17 98 04 85. Einfaches, familiäres Hotel am Stadtrand.

Ristorante Riccardone's, Via Rieti 69, Tel. 07 16 47 62. Angenehmes Lokal, hübsche Räume (Mo. geschl.).

Ristorante Il Porto, Piazzale Nino Bixio 35, Tel. 07 17 92 74 44. Delikate Fischküche. Mit Hafenblick.

39 Ancona

Hauptstadt der Marken, Zentrum der Schiffs- und Musikinstrumentenbauer.

Deutlich ändert sich die Landschaft südlich von Senigallia. Die Vorberge des *Conero-Massivs* fallen stufenweise zum Meer ab. Das Ufer bei Ancona greift zangenartig aus und gewährt der Stadt ein natürliches Hafenbecken.

Geschichte Felsvorsprung und Bucht stachen bereits griechischen Kolonisten zur Zeit des Tyrannen Dionysios (404–367 v. Chr.) ins Auge. Auf dem *Monte Guasco*, wo heute der Dom steht, bauten sie die erste Stadt. 278 v. Chr. besetzten die Römer **Dorica Ancon** (griech. ancon = Bogen) und entwickelten den Hafen unter Kaiser Trajan zur befestigten Flottenstation. Die fortschreitende Entwicklung von *Handel* und *Seefahrt* überdauerte die kriegerischen Jahrhunderte nach dem Niedergang des Römischen Reiches. Gegen Ende des 11. Jh. präsentierte sich Ancona als **freier Stadtstaat**, wetteiferte mit den übrigen Seerepubliken und geriet wegen seiner guten Handelsbeziehungen zu Konstantinopel in Konflikt mit *Venedig*, unter dessen Schutz es sich schließlich stellen mußte. 1532 ging die Stadt an den Kirchenstaat über, 1860

Feierliche Noblesse zeigt das Hauptportal des Duomo San Ciriaco von Ancona

wurde sie endgültig Teil des vereinigten Italien.

Besichtigung So sehr bot sich der **Monte Guasco** als Keimzelle an, daß er auch heute noch – durch die *Via Panoramica* erschlossen – einen guten Ausgangspunkt darstellt. Von hier oben sieht man die Hafen- und Industriestadt, groß, betriebsam, voll von technischer Zweckarchitektur. An der *Mole* steht, fast verloren wirkend, der 115 n. Chr. zum Lobe Trajans errichtete Triumphbogen **Arco di Traiano** und, ein wenig entfernt, der **Arco Clementino**, ein Ehrenbogen für Papst Clemens XII.

Die aussichtenreiche *Piazza del Duomo* trug in antiker Zeit einen Venustempel, wurde im 6. Jh. mit einer frühchristlichen Kirche überbaut, auf deren Resten nun der **Duomo San Ciriaco** aus dem 11.–13. Jh. steht (Heiligenreliquien in der Krypta). Die schlichte **Fassade** des romanisch-byzantinischen Baus bekommt durch eine von Löwen getragene *Vorhalle* und ein feierliches, im 13. Jh. gefertigtes *Hauptportal* Bewegung. Streng wirkt der **Innenraum** über dem Grundriß eines griechischen Kreuzes. Die Strenge wird gemildert durch Legenden: Das hochverehrte *Marienbild* in der Madonnenkapelle bewegte die Augen, als Napoleons rüde Mannen Ancona einnahmen, und all die Zeit, die sie in der Stadt blieben. Eine Marmorplatte im Fußboden erinnert an **Papst Pius II.**, Enea Silvio Piccolomini. Emphatisch hatte er, eher Poet als Seefahrer, 1459 einen neuerlichen *Kreuzzugsbeschluß* erwirkt. Regie führte jedoch das Schicksal, er starb wenige Tage vor der Einschiffung in Ancona, und der Kreuzzug fiel aus.

Anconas Archäologisches Museum der Marken residiert in einem noblen Palast

Einen Besuch lohnt das **Museo Diocesano** (tgl. 9–12 und 15–18 Uhr) links vom Dom. Man beachte den Domschatz und die Skulpturen, vor allem aber den wunderschön gearbeiteten römischen *Sarkophag* des Flavio Gorgonio (4. Jh.).

Steigt man in die Stadt hinab, ist der im 16. Jh. vom Mailänder Dombaumeister Pellegrino Tibaldi gestaltete **Palazzo Ferretti** an der *Piazza del Senato* ein gutes Ziel. Im Palast mit Fresken von Tibaldi und den Brüdern Zuccari hat das **Museo Archeologico Nazionale delle Marche** seinen Sitz (Juli–Sept. 9–13.30 und 14.30–19.30 Uhr, Okt.–Juni 9–13.30 Uhr). Die Sammlung umfaßt vor- und frühgeschichtliche Funde, eine gute Dokumentation der Picener-Kultur und vergoldete Bronzen aus der römischen Kaiserzeit.

Vorüber an der Chiesa **Il Gesù** (Piazza Stracca), der Luigi Vanvitelli im 18. Jh. eine klassizistische Fassade gab, vorbei an **San Francesco alle Scale** (Piazza San Francesco) mit einem schönen gotischen Portal von Giorgio da Sebenico, gelangt man durch die Via Ciriaco Pizzecolli zur **Pinacoteca Comunale** (Di–Sa 10–19 Uhr, So 9–13 Uhr) im Palazzo Bosdari. Gemälde von Tizian, Carlo Crivelli, Lorenzo Lotto, Carlo da Camerino, Andrea Lilli und Carlo Maratti werden ebenso gezeigt wie Werke aus dem 18. und 19. Jh. und – in der Galleria d'Arte Moderna – Kunst des 20. Jh.

Meerwärts liegt die Chiesa **S. Maria della Piazza** (12. Jh.). Sie wurde über einer frühchristlichen Kirche (4.–6. Jh.) errichtet. Ganz erstaunlich ist die unvollendete byzantinisch geprägte **Fassade** mit Blendarkadenreihen und das reich mit Skulpturen verzierte romanische *Portal* des Meisters Filippo (1210).

Im Bereich des *Hafens* beachte man die gotische Fassade der **Loggia dei Mercanti** (Via della Loggia) mit Statuen der Tugenden von Giorgio Orsini. Die Via Aranci führt hier zur Piazza Plebiscito und zur Chiesa **San Domenico**, die durch eine ›Kreuzigung‹ am Hochaltar

Anconas ökonomisches Herz schlägt seit 2400 Jahren im Hafen, der, eine Seltenheit an der italienischen Adriaküste, in der naturgegebenen bogenförmigen Bucht ideale Bedingungen vorfand

von *Tizian* und eine ›Verkündigung‹ von Guercino (am ersten Altar links) besondere Bedeutung hat.

Praktische Hinweise

Information: APT, Via Thaon de Revel 4, Tel. 07 13 32 49, Fax 07 13 19 66

Flughafen: Falconara, 13 km von Ancona entfernt, Tel. 07 12 82 71

Hafen: Molo S. Maria, Tel. 07 12 07 46 97

Parkplätze: Piazza Dante Alighieri, Piazza del Senato, Piazza Stamira

Hotels und Restaurants

******Jolly-Miramare**, Rupi di Via XXIX Settembre 14, Tel. 0 71 20 11 71, Fax 0 71 20 68 23. Angenehmes Haus im Grünbereich mit Hafenblick.

*****City**, Via Matteotti 112/114, Tel. 07 12 07 09 49, Fax 07 12 07 03 72. Im Stadtzentrum gelegen, ohne Restaurant.

Ristorante Passetto, Piazza IV Novembre, Tel. 07 13 32 14, 07 13 22 65. Panoramalage mit Ausblick aufs Meer. Elegant, gehobene Preisklasse (Mi geschl.).

La Moretta, Piazza Plebiscito 52, Tel. 0 71 20 23 17. Historisches Ambiente, Menü mit Fleisch- und Fischgerichten (So geschl.).

Trattoria La Cantineta, Via Gramsci 1/c. Stark frequentierter Familienbetrieb im Zentrum, Küche mit lokalen Spezialitäten wie dem berühmten Stockfisch nach Art von Ancona.

Architekturdetail an der Kirche S. Maria della Piazza

Vom Monte Conero an die Südküste der Marken – Ästhetik einer bukolischen Landschaft

Mit dem ›Berg der Meerkirschenbäume‹, **Monte Conero**, ziehen Ruhe, Gelassenheit, Kleinräumigkeit und landschaftliche Schönheit an der **Küste** ein. Zuerst ist sie wildromantisch, südwärts wird sie wieder sanfter, aber die kleinen alten **Städte** liegen, ob der frühen Bedrohung durch Invasoren, oft meerfern im **Hügelland** und haben nur für Fischer und Touristen Dependancen an der Küste eingerichtet.

40 Riviera del Conero

Weiße Felsen, blühender Ginster.

Wild und malerisch erscheint die Küste zwischen Ancona und Porto Recanati. Weiße Felsen rahmen kleine, teils steinige *Buchten*, das Wasser ist klar und von kräftiger, oft grüner Farbe.

Der winzige Ort **Portonovo** mit kleinen Strandabschnitten wirkt strategisch: Papst Clemens XI. ließ 1716 die stämmige **Torre di Portonovo** als Wachturm gegen die Türken errichten, Napoleon begnügte sich mit dem **Fortino Napoleonico**. Beide wurden nie auf die Probe gestellt, die Torre nahmen Poeten in Besitz, das Fortino Hotelgäste. Nur die kleine romanische Kirche **S. Maria Portonovo** (1043) blieb als Teil einer uralten, wegen Erdrutschgefahr aufgegebenen *Benediktinerabtei* in ihrer Einsamkeit von Umbaulust verschont und ist daher unverändert erhalten.

Kurz hinter Portonovo führt eine links abzweigende *Bergstraße* auf den Gipfel des **Monte Conero** (576 m). Hier ist alles Weite, Rundblick, Meerblick. Im Frühling blüht gelb der Ginster, und die steinigen übergrünten Felsen, einst Zuflucht für Eremiten und Patres, sind nun Teil eines *Naturparks*.

In Aussichtslage, auf einer Bergkuppe, hoch über seinen Stränden, präsentiert sich das kompakte malerische Dorf **Sirolo**, nahebei auf einem schmalen Felsenrücken der Nachbarort **Numana**. Schon die umbrischen Picener blickten in vorrömischen Zeiten hier wachsam aufs Meer. Sirolo besitzt noch Reste der alten *Seeburg* und ein edles gotisches Tor. Das antike Numana hingegen versank im

Adriastrand mit Silhouette – klein, gemütlich, überschaubar. Zu Füßen des Monte Conero liegen die Badeplätze von Portonovo

Nur wenn die frommen Pilger aus ganz Europa wieder zu ihren Fahrzeugen zurückgekehrt sind, wirkt die Piazza della Madonna von Loreto so leer und erschöpft

Meer, ein Erdbeben ließ 1929 nur Bruchsteine und einen Rundbogen zurück. Das Kleinod des heutigen Dorfes ist ein Holzkreuz aus dem 14. Jh. im **Santuario del Crocifisso**.

Porto Recanati, ein altes Fischerstädtchen, wird vom mächtigen **Castello Svevo** beschützt. Im *Museo Beniamino Gigli* werden Andenken an den weltberühmten Sänger gezeigt, der 1890 in Recanati geboren wurde.

Praktische Hinweise

Information: APT, Riviera del Conero, Via Thaon de Revel 4, Ancona, Tel. 07 13 32 49, Fax 07 13 19 66

Hotels und Restaurants

*****Fortino Napoleonico**, Portonovo, Tel. 071 80 14 50, Fax 0 71 80 14 54. Originelles Hotel in der alten napoleonischen Festung.

*****Emilia**, Portonovo, Tel. 0 71 80 11 17, Fax 071 80 13 30. Modernes Hotel auf den Klippen, mit reichem Gemäldeschmuck.

*****Fior di Mare**, Numana, Via C. Colombo 14, Tel. 07 19 33 01 57, Fax 07 19 33 10 44. Prächtig, direkt am Strand gelegen.

Ristorante La Notte, Numana, Via dei Tigli 3, Tel. 07 17 39 01 43. Rustikales Lokal; nur mit Voranmeldung.

Ristorante Da Anna, am Strand von Portonovo, Tel. 0 71 80 13 43. Fisch, frisch vom Meer, delikate Fischsuppen.

Camping

Conero Azzurro, Via Litoranea (Marcelli) bei Numana, Tel. 07 17 39 05 07, Fax 07 17 39 09 86. Alle Einrichtungen, Privatstrand.

41 Loreto

Im zweitwichtigsten Wallfahrtsort Italiens wird das Geburtshaus Mariens verehrt.

Die Straße nach Loreto zweigt bei Porto Recanati von der Adriatica (und A14) ab. Die Hügelstadt ist schon von weitem sichtbar. Festungsähnlich drängt sie sich um das **Santuario della Santa Casa**. TOP TIP Hier ranken sich üppig die Legenden: Als Jerusalem 1244 unter islamische Herrschaft fiel, nahmen Engel **Marias Geburtshaus** in Nazareth auf, trugen es über das Meer auf den Hügel Trsat bei Fiume und drei Jahre später über die Adria in die Gegend von Recanati.

1468 begann man unter Mitwirkung von Benedetto und Giuliano da Maiano, Bramante, Baccio Pontelli und Giuliano da Sangallo, über dem Heiligtum eine dreischiffige **Kirche** zu erbauen. Sie vereinigt – aufgrund der langen Bauzeit – Stilelemente der Früh-, Hoch- und

Spätrenaissance. Drei großartige, mit biblischen Szenen geschmückte **Bronzeportale** führen in den düsteren, mystisch wirkenden **Innenraum**. Unter der großen *Vierungskuppel* des Giuliano da Sangallo steht die **Santa Casa**. *Bramante* hat den ursprünglich rauchgeschwärzten Ziegelbau in der Art eines Reliquienschreines völlig mit Marmor verkleidet. Dekorative **Flachreliefs** und **Statuen** berühmter Renaissancebildhauer wie Andrea Sansovino und Antonio da Sangallo zeigen Szenen aus dem *Marienleben* und die Überführung der Santa Casa. Das **Innere** ist durch Bronzetüren zugänglich. Nur eine Kopie ist das **Gnadenbild** am Altar, es ersetzt das geschnitzte Madonnenbild, das 1921 bei einem Brand zerstört wurde.

Von den geplanten *Sakristeien* des Querschiffs wurden nur zwei fertiggestellt. Melozzo da Forli bemalte die Kuppel in der **Markussakristei**, Luca Signorelli Kuppel und Wände in der **Johannessakristei**. Der *Schatzsaal*, den Cristoforo Roncalli (›Pomarancio‹) mit Fresken schmückte, wurde von Napoleons Truppen geplündert. Nur ein Teil der reichen Geschenke ist vorhanden.

Die **Pinakothek** im Palazzo Apostolico (tgl. außer Fr 9–13 und 15–18 Uhr) zeigt in 12 Sälen Gemälde u. a. von Lorenzo Lotto, Gobelins nach Entwürfen von Raffael und Fayencen aus Urbino und Castelli.

Praktische Hinweise

Information: APT, Via Solari 1, Tel. 0 71 97 02 76 o. 07 19 77 39, Fax 0 71 97 00 20

Parkplätze: Außerhalb des Stadtzentrums gelegen, links neben der Via Marconi

Restaurant

Dal Baffo Vecchia Fattoria, Via Manzoni 19, Tel. 0 71 97 89 76. Etwas außerhalb gelegen, schöner Garten, Sommerservice im Freien (Mo. geschl.).

Berühmte Renaissancebildhauer hüllten die Santa Casa in Marmor. Gaben sie ihr Erdschwere, um sie an einem Weiterflug zu hindern?

»Kein Specht sah je ein schöneres Nest«, schrieb Annibale Caro über seine Geburtsstadt Civitanova Marche hoch auf einem Hügel über dem Meer

42 Civitanova Marche

Eine Stadt, zwei Seelen, viele Schuhe.

Der seit 1938 gültige Stadtname vereint die alte Hügelstadt Civitanova Alta und die moderne Strand- und Fabriksstadt Porto Civitanova. Ursprünglich lag die Keimzelle der von Picenern gegründeten Siedlung **Cluana** am Meer. Erst in der stürmischen nachrömischen Zeit setzte die Flucht der Einwohner ins Hügelland ein. Hier erlebte *Vicus Cluanensis* ein Wechselbad von Krieg und Blüte, kirchlichen und weltlichen Herren. Aufbruchsstimmung regte sich im 17. Jh. Das Rückzugsstädtchen erhielt wieder eine Außenstation am Meer: Porto Civitanova. **Civitanova Alta** mit einer **Stadtmauer** aus der Mitte des 13. Jh., mit den mächtigen alten *Stadttoren* Porta Zoppa und Porta Marina und dem **Palazzo Ducale** der Herzöge Cesarini aus dem 13. Jh. ist noch immer eine pittoreske Stadt. Im modernen, großzügig am Meer angelegten **Porto Civitanova** koexistieren **Schuhfabriken**, Fischereiflotten und ein lebhafter **Badetourismus**, vor allem am breiten Nordstrand.

Civitanova eignet sich ganz vorzüglich als Ausgangspunkt für die Entdekkung der **Hügelstädte** mit ihrer altertümlichen Atmosphäre. Eine schmale Straße führt nach **Montecosaro**, das mit der Chiesa *SS. Annunziata* (9.Jh.) ein kunsthistorisches Kleinod im romanischen Stil besitzt, nach **Morrovalle** mit seinem eindrucksvollen *Krippenmuseum*, zum mittelalterlichen **Montelupone** und über Potenza Picena, das alte Kirchen und Palazzi hütet, nach **Porto Potenza Picena**.

Praktische Hinweise

Information: APT, Via IV Novembre 20, Tel. 07 33 81 39 67, Fax 07 33 81 50 27

Hotels und Restaurants

******Villa Eugenia**, Viale Villa Eugenia, Tel. 07 33 81 16 50, Fax 07 33 81 07 69. Gepflegte große Parkvilla.

*****Sant'Elena**. Via IV Novembre 124, Tel. 07 33 81 28 01. Modernes Haus, unmittelbar am Strand.

****Hotel Mare 2000**, Via IV Novembre 274, Tel. 07 33 70 19 60. Modern, einfach, besonders für Strandenthusiasten geeignet.

Ristorante Da Enzo, Corso Dalmazia 213, Tel. 07 33 81 48 77. Fischspezialitäten, Sommerservice im Freien (Mo geschl.).

Il Paiolo, Via Verga 61, Tel. 07 33 81 59 81. Preisgünstig, typische Küche aus den Marken (So geschl.).

43 Fermo

Pferde, Trompeten, Trommeln beim ›Palio dell'Assunta‹.

Bei *Porto San Giorgio* mit dem riesigen Yachthafen zweigt die Straße nach Fermo (10 km) ab. Das römische **firmum**, eine uralte Picener-Siedlung, ist eine typische Stadt des ›terreno collinare‹, des Hügellandes. Fermo erlebte seinen Aufstieg als freie Stadt im Mittelalter, und die Bausubstanz kündet noch von dieser Blütezeit. Alte **Geschlechtertürme, Palazzi** (zwei von Sangallo d. J. entworfen), kleine versteckte romanische **Kirchen** – San Zenone, Sant'Agostino, San Pietro – säumen stimmungsvolle Altstadtstraßen wie die Via Brunforte und Via degli Aceti.

Die arkadengeschmückte **Piazza del Popolo**, am besten von der *Loggia di San Rocco* zu überblicken, bildet das Stadtzentrum. Bunt und laut wird es hier zum Ferragosto (15. August), wenn der **Palio dell'Assunta** den Platz mit Roß und Reiter füllt.

Feierlich und nobel ist die **Pinakothek** im nahen Palazzo dei Priori (im Sommer tgl. 10–12 und 17–20 Uhr, im Winter 16.30–18.30 Uhr). Neben flämischen Bildteppichen, Statuen und Keramiken zeigt sie ausgezeichnete *Gemälde*: ›Die Geburt Christi‹ von Peter Paul Rubens, ein Polyptychon vom umbrischen Maler Andrea da Bologna und goldgrundige Tafelbilder des Venezianers Jacobello del Fiore (1370–1439).

An der ehem. Universität im **Palazzo degli Studi** vorüber (bedeutende *Bibliothek* mit Handschriften und Inkunabeln) gelangt man durch einen Torbogen und über die Via del Anfiteatro zum **Duomo**. Er wurde von Giorgio da Como im 13. Jh. begonnen und von Cosimo Morelli im 18. Jh. vollendet. Mag die weiße *Kalksteinfassade* mit einer Fensterrose von Palimieri auch Geschlossenheit vortäuschen, das **Innere** und die *Schatzkammer* präsentieren einen Querschnitt durch die Jahrhunderte von der griechisch-byzantinischen *Ikone* bis zum Meßgewand des Thomas Becket, von frühchristlichen *Fußbodenmosaiken* bis zu Ausstattungsstücken des Barock.

Praktische Hinweise

Information: APT, Piazza del Popolo 5, Tel. 07 34 22 87 38, Fax 07 34 22 83 25

Hotel

****Royal**, Lido di Fermo, Tel. 07 34 64 22 44, Fax 07 34 64 22 54. Modernes Haus mit Restaurant und Privatstrand.

Atmosphäre vergangener Zeiten – das Zentrum von Fermo mit seinen lauschigen Bogengängen und Plätzen füllt sich beim Pferderennen Palio dell'Assunta mit Wettkampffieber

Während Urlauber den Strand von San Benedetto del Tronto genießen, wird im größten Fischereihafen Italiens hart gearbeitet …

44 San Benedetto del Tronto und Ascoli Piceno

Viele Fischer, viele Palmen, viel Sandstrand an der ›Verde Riviera Picena‹ und eine malerische Stadt im Hinterland.

Stimmungsvolle alte *Burgen*, die Rocca dei Pescatori und Rocca Guelfa, bewachen **San Benedetto del Tronto**, den größten **Fischereihafen** Italiens, der trotz einer mit allen technischen Raffinessen ausgerüsteten Fangflotte nichts an Buntheit und Attraktivität verloren hat. Diese Atmosphäre strahlt auch auf den südlich des Hafens gelegenen **Strand** aus, dessen **Promenade** von wunderschönen Palmen flankiert wird.

Von den Orten im Hinterland ist **Ascoli Piceno** der schönste. Das ›Centro Piceno‹, von mächtigen Bergstöcken umgeben, war schon früh ein Handelszentrum, hatte seine Blütezeit als römische Kolonie und wiederum im Mittelalter. Noch sind alle Phasen der Bebauung präsent: der *Ponte di Solestà* und die *Porta Gemina* aus römischer Zeit, die romanischen Kirchen *SS. Vincenzo e Anastasio* (Piazza Ventido) und die kleine *San Gregorio*, die noch heidnische mit christlichen Bauteilen verbindet, der Duomo **Sant' Emidio** auf den Fundamenten einer römischen Basilika (Piazza dell'Arringo) und das angrenzende frühromanische *Battistero*.

Stadtzentrum ist die malerische, von Palazzi und Arkaden gesäumte **Piazza del Popolo**. Von einigen der Cafés an der Piazza bieten sich Ausblicke wie auf alten Gemälden. Der Palazzo dei Capitani del Popolo (13. Jh.) leitet hier zur gotischen Hallenkirche **San Francesco** über, deren Gründung auf einen Besuch des hl. Franziskus im Jahr 1215 zurückgeführt wird. Nahebei bringen die *Loggia dei Mercanti* (1513) und die als Markt genützten *Arkaden* des früheren Kreuzganges Fülle, Buntheit und Lärm

Fische, frisch vom Fang, für großartige Gerichte und berühmte ›Brodetti‹

Auf der Piazza del Popolo von Ascoli Piceno treffen sich seit undenklichen Zeiten die Herren der Stadt zum Gespräch nach getaner Arbeit …

in das Stimmungsbild. Anfang August findet in Ascoli das farbenprächtige **Quintana-Turnier** statt, ein Ritterspiel in alten Trachten.

Praktische Hinweise

Information: APT, Via delle Tamerici, Tel. 07 35 59 22 37, Fax 07 35 58 28 93

Hotels

********Excelsior Grand Hotel**, Lungomare Rinascimento 137, Tel. 07 35 75 32 46, Fax 07 35 65 53 10. Direkt an der Promenade, mit eigenem Strand. Traditionsreiches, familiäres Haus mit guter Küche.

********Roxy**, Via Buozzi 6, Tel. 07 35 58 44 41, Fax 07 35 58 44 46. Modernes Haus mit Garten und Restaurant.

*******Hotel Marconi**, Via Maffei 114, Tel. 0 73 58 18 57, Fax 0 73 58 58 59. In ruhiger Grünlage, 100 m vom Strand entfernt.

Restaurant

Messer Chichibio, Via Bezzecca 19, Tel. 0 73 55 40 01. Kleines Restaurant, Tische im Freien, marchigianische Nudelgerichte wie Vincisgrassi und fangfrische Fische (Mo geschl.).

… Das Wirkungsfeld der Damen hingegen befindet sich auf dem Bauernmarkt im ehem. Kreuzgang

Längs der abruzzesischen Küste zum Gargano – Hügelland, Strände und malerische Städte

Autobahn A14 und SS Adriatica folgen der Küste der **Abruzzen** von der Mündung des Tronto bis San Salvo Marina und weiter bis Termoli im Molise und bis nach Apulien. Überall **Strandstreifen** aus Sand oder Kies, weit und kontinuierlich, gelegentlich Felsen, die sich zu Riffen türmen. Dahinter sanfte **Hügel**, die kaum etwas von der Wildheit des abruzzesischen Berglands mit seinen bis zu 3000 m hohen Gipfeln ahnen lassen. Die Entdeckung der alten **Orte**, die hinter den modernen Strandsiedlungen auf Hügeln liegen, ist ein besonderes Erlebnis.

45 Giulianova

Strandhotels, Palmen, Pinien und der ›Mutterort‹ auf dem Hügel.

Die Küstenstraße ist eine Drehscheibe der Industrie. Vorgeblendet wie ein Bauzaun sind Hotels, Pensionen, Badestrände, Palmen, Pinien und Oleander. Der einst sumpfige Küstenstreifen wurde längst trockengelegt. Hier entstand ein *Touristenort* mit Yachthafen und Sportstätten, mit viel Grün. **Giulianova Lido** ist beinah zusammengewachsen mit den Seebädern Alba Adriatica und Tortoreto Lido.

Der alte Ort **Giulianova** auf dem Hügel, ursprünglich römisch, 1470 neu besiedelt, entpuppt sich als geschlossenes historisches Ensemble mit kleinen Museen und der **Pinacoteca Vincenzo Bindi,** die über eine der größten Sammlungen der ›Scuola di Posilipo‹, einer Gruppe von Landschaftsmalern aus der Mitte des 19. Jh., verfügt. Sehr dominant und wegweisend wölbt sich die Kuppel von **San Flaviano** über dem Ort. Die im 15. Jh. erbaute Basilika, eine der vollkommensten Renaissancekirchen der Abruzzen, steht heute inmitten verlassener und verfallener Häuser.

Praktische Hinweise

Information: AAST, Via Galilei 18, Tel. 08 58 00 30 13

Hotels und Restaurants

****Grand Hotel Don Juan**, Tel. 08 58 00 83 41, Fax 08 58 00 48 05. Modernes Haus am Strand mit Restaurant und Tennisplätzen (geöffnet April–Sept.).

Riviera, Lungomare Zara 47, Tel. 08 58 00 64 13, Fax 08 58 00 30 22. Einfaches Hotel an der Strandpromenade (geöffnet Mai–Sept.).

Ristorante da Beccaceci, Via Zola 18, Tel. 08 58 00 35 50. Das beste Restaurant in den Abruzzen. Maritime Küche, obere Preisklasse. TOP TIP

Ristorante Del Torrione, Giulianova Alta, Piazza Buozzi 63, Tel. 08 58 00 33 07. Gepflegtes Lokal, herrliche Aussicht von der Terrasse.

Der Osthang des Gran Sasso, ein Bergland von außergewöhnlicher Anziehungskraft, ist nur 50 km vom Meer entfernt

46 Teramo

Die Römer bauten ein Theater, Plinius lobte den Wein.

Ein lohnender Abstecher führt über die SS 80 landeinwärts nach Teramo. Die Provinzhauptstadt liegt nordöstlich des **Gran Sasso d'Italia**, still und abseits von allem in einem ärmlichen Umland.

In der antiken Hauptstadt der Praetuzen – von Römern geliebt und mit Theatern ausgestattet, von Goten zerstört, blühend unter der Herrschaft des *Hauses Anjou* – blieben bemerkenswerte Baudenkmäler erhalten. Das bedeutendste ist die **Cattedrale San Bernardo**, eine frühe Gründung des 11. Jh., die 1935 einfühlsam restauriert wurde. Ein Juwel im würdigen **Innenraum** – dessen ungemein spitzgiebeliges *Portal* Diodato Romano 1332 geschaffen hat – ist das silberne **Antependium** des Hochaltars, eine Arbeit von Nicola da Guardiagrele (1433–48). Prächtig sind die 34 emaillierten Tafeln. Die Bildfolge mit ihren 206 fein gearbeiteten Figuren erzählt die Geschichte des Erlösers.

Die Kathedrale *S. Maria Aprutiensis*, in byzantinischer Zeit über einem römischen Tempel erbaut, wurde von den Normannen zerstört. Nur drei romanische Backsteinbögen und das *Presbyterium* haben in der heutigen Chiesa **San Getulio** (Via Antica Cattedrale) die Zeit überdauert. Durch *Glaseinsätze* im Fußboden kann man die Bauphasen vom antiken Tempel zur byzantinischen Kirche gut erkennen.

Teramo ist ein besonders guter Ausgangspunkt für Ausflüge in die Umgebung. Der schönste von ihnen führt nach *Pietracamela*, zu den *Prati di Tivo* und nach *Fano Adriano* im Gebiet des Gran Sasso d'Italia.

Praktische Hinweise

Information: AAST, Via del Castello 10, Tel. 08 61 24 42 22, Fax 08 61 24 43 57

Restaurant

Duomo, Via Stazione 9, Tel. 08 61 24 17 74. Spezialitäten aus Teramo wie ›Scrippelle‹ und ›Fregnacce‹, eine Art gut gewürzte ländliche Crêpes (Mo geschl.).

47 Pescara

Geburtsort des berühmten Dichters Gabriele d'Annunzio.

Auf dem Weg nach Pescara passiert man eine Reihe von **Badeorten**: das hübsche *Roseto degli Abruzzi* mit Blick auf den Gran Sasso d'Italia, *Pineto* mit schönem Pinienhain und – über eine Nebenstraße erreichbar – *Atri*, das eine eindrucksvolle Kathedrale aus dem 13.–14. Jh. be-

Zur Ausstattung der Kathedrale San Bernardo in Teramo gehört das prächtige goldgrundige Polyptychon der ›Marienkrönung‹ von Jacobello del Fiore (1450)

Kilometerlange Sandstrände machen Pescara – moderne Großstadt und Heimat eines exzentrischen Dichters – zum Badeparadies der südlichen Adria

sitzt, sowie *Silvi Marina*, einen Badeort mit viel Trubel und Nachtleben.

Pescara ist heute eine lebenssprühende Großstadt. Sie wurde nach ihrer weitgehenden Zerstörung im Zweiten Weltkrieg großzügig und mit perfekter Infrastruktur wieder aufgebaut. *Industrie* und Badetourismus florieren. Für ein paar Sommermonate bringen die 10 km langen **Sandstrände** und der überaus lebhafte **Porto Turistico** internationales Flair in die größte Stadt der Abruzzen.

Die Architektur Pescaras, die sich, zweigeteilt durch die Mündung des *Fiume Pescara*, ans Meer drängt, ist hell und luftig. Nur der kleine **Altstadtkern** um die Piazza Unione am Porto Canale zeigt noch den Charme der Vergangenheit.

Am Ende der Via Manthonè steht das **Geburtshaus** von **Gabriele d'Annunzio** (1863–1938). ›Komet von Pescara‹ nannte man die schillerndste, abenteuerlichste Figur der italienischen Literatur. D'Annunzio wurde in einem bescheidenen Palazzo geboren, der nun als **Museum** (tgl. 9–13.30 Uhr, Juli/August 9–13 und 18–20 Uhr) eingerichtet ist und nichts von dem Prunk und der Tollerei zeigt, mit der sich der Poet, Krieger, Flieger, Politiker und Freischärler 1921 in der *Villa Cargnacco*, der Keimzelle des **Vittoriale degli Italiani**, in Gardone Riviera am Gardasee umgab. Pescara indes sieht in d'Annunzio noch immer den *Dichter der Abruzzen*, der in ›Die Tochter des Iorio‹ das Schäferleben in den Bergen so eindrucksvoll beschrieb. ›Die Tochter des Iorio‹ heißt auch ein bekanntes Bild von Francesco Paolo Michetti, einem Vertreter des italienischen Realismus, das nun in der Sala della Giunta des **Palazzo del Governo** hängt.

D'Annunzio beeinflußte auch die Baukunst des 1933 errichteten **Duomo San Cetteo**. Er spendete Geld für den Kirchenbau, schenkte ein großes Gemälde von Guercino und wünschte sich dafür eine **Domfassade** im Stil der

Gabriele d'Annunzio ist Pescaras großer Sohn. Sein Geburtshaus wurde zum Museum

mittelalterlichen Abruzzen-Kirchen und ein *Kirchengrab* für seine Mutter. Beide Wünsche wurden erfüllt. Die Kirche täuscht Mittelalter vor, und Mutter Luise de Benedictis ist in der Kapelle links vom Hauptaltar begraben.

Die Kultur der Abruzzen wird im **Museo delle Genti d'Abruzzo** (tgl. außer Mo 9–13 Uhr) nahe der Piazza Unione lebendig. Von hier sind es nur wenige Schritte zum **Porto Canale**, wo Fischerboote und Hafenkähne ankern. Über die Via Paolucci am jenseitigen Kanalufer (Risorgimento-Brücke) erreicht man das gut ausgestattete Meeresmuseum **Museo Ittico** (tgl. außer So 8–14 Uhr, im Sommer auch 15–21 Uhr).

Pescara ist Ausgangspunkt für eine Fahrt in den **Parco Nazionale d'Abruzzo**. Die interessanteste Route führt über Popoli, Cocullo, Ortona dei Marsi und Bisegna nach Pescasseroli im Sangro-Tal direkt im Herzen des Parks.

Praktische Hinweise

Information: APT, Via Nicola Fabrizi 171, Tel. 08 54 21 17 07, Fax 0 85 29 82 46

Hotels und Restaurants

****Carlton, Viale della Riviera 35, Tel. 085 37 31 25, Fax 08 54 21 39 22. Modernes, komfortables Hotel im nördlichen Strandabschnitt, unweit der lebhaften Geschäftsstraße Corso Umberto.

**Maja, Viale della Riviera 201, Tel. 08 54 71 15 45, Fax 08 57 79 30. Kleineres Strandhotel ohne Restaurant.

Taverna 58, Corso Manthone 58, Tel. 0 85 69 07 24. Gute bodenständige und vegetarische Küche.

La Vongola, Lungomare Matteotto 54, Tel. 08 56 51 21. Tische im Freien, delikate Fisch- und Schalentiergerichte.

48 Chieti

Als legendäre Gründer gelten Herkules und Achill.

Nördlich von Francavilla al Mare zweigt eine Nebenstraße von der SS Adriatica landeinwärts ab nach Chieti, das auf einem das Pescara-Tal beherrschenden Hügel liegt. Bergauf und bergab führen die häufig verstopften Straßen der *Provinzhauptstadt*, die ihre Gründungslegenden zwischen Herkules und Achill ansiedelt. Der Ort bestand schon lange, bevor die Römer ihn einnahmen. Aus dieser Zeit sind die Ruine des **römischen Theaters** und einer **Thermenanlage** noch erhalten. Die ältesten Zeugnisse hinterließ jedoch das vorrömische Volk der Picener.

Das **Museo Nazionale di Antichità** (tgl. außer Mo 9–13.30 Uhr) ist das bedeutendste Museum für Altertümer in den Abruzzen. Schöner konnte man diese Sammlung nicht unterbringen als in der *Villa Comunale*, mitten in einem Park voller Zedern, Linden und Magnolien. Eindrucksvoll sind die **Münzsammlung**, die Funde aus den Totenstädten der Abruzzen, Kriegswerkzeug, Schmuck und die bei Ausgrabungen in Penna S. Andrea unlängst gefundenen **Stelen**.

Höhepunkte der Sammlung stammen von Ausgrabungen in Alba Fucens: die Bronzefigur des sitzenden **Herkules** und die Statue der **Venus Anadiomene**. Das berühmteste Stück ist der **Krieger von Capestrano** aus dem 6. Jh. v. Chr. Die über 2 m hohe polychrome Statue, mit Schwert und Kriegsgerät, Riemen und Bändern geschmückt, gibt der Wissenschaft noch immer Rätsel auf.

Allzu viele Bischöfe erprobten ihren Architekturgeschmack an der Basilica **San Giusto**, deren Ursprung in frühchristlicher Zeit liegt. Schön ist nur mehr ihr *Campanile*, wertvoll ihr Kirchenschatz mit Meßbüchern aus dem 11. Jh. Ein mystisches Schauspiel ist die **Karfreitagsprozession** nach uraltem Ritus, ein nächtlicher Fackelzug mit dem auf einen Sarg gebetteten verhüllten Körper Christi, der von der Erzbruderschaft des Totenberges veranstaltet wird.

Praktische Hinweise

Information: AAST, Via B. Spaventa 29, Tel. 0 87 16 36 40, Fax 0 87 16 36 47

Restaurant

Venturini, Via de Lollis, Tel. 08 71 33 06 63. Hübsches Lokal im Stadtzentrum. Eine Spezialität sind die ›Fiadoni‹, überbackene Teigblätter (Do geschl.).

Als antike Helden Vasto besiedelten, konnten sie nicht ahnen, daß die Stadt einst von jugendlichen Anhängern des Strandkults erobert werden sollte

49 Ortona

Weinberge und Obstgärten säumen die Stadt auf dem Felsen.

Die SS Adriatica führt von Pescara zum hübschen Ferienort *Francavilla al Mare* mit seinem antiken Zentrum auf dem Hügel, über die Mündung des Foro und den feinsandigen *Lido Riccio* nach Ortona.

Blickpunkt des Badestrandes **Lido Saraceni** ist die uralte Frentaner-Gründung **Ortona** auf dem Vorgebirge hoch über dem Meer, über Obstgärten und Weinbergen.

Nur noch eine Ruine ist das wuchtige **Castello**, das Ferdinand von Aragonien zur Verteidigung des Hafens erbauen ließ. Schutz bot es nie wirklich, auch nicht vor den Sarazenen, die 1566 Stadt und Cattedrale San Tommaso mit den *Reliquien* des Apostels niederbrannten. Heute werden das alte Stadtviertel **Terravecchia** um die **Cattedrale San Tommaso** und der Corso Giacomo Matteotti mit seinen Palazzi als ›centro storico‹ gepflegt. Wunderschöner Ausblick von der *Passeggiata Orientale*.

Praktische Hinweise

Information: AAST, Piazza Municipio, Tel. 08 59 06 38 41, Fax 08 59 06 38 82

Hotels und Restaurant

******Mara**, Lido Riccio, Tel. 08 59 19 04 16, Fax 08 59 19 05 22. Modernes Strandhotel, Garten mit Swimmingpool und Tennisplatz (geöffnet 10. Mai–20. Sept.).

****Valente**, Lido Riccio, Tel. 08 59 19 04 15. Einfaches Haus mit Garten und Privatstrand (geöffnet 1. Juni–30. Sept.).

Ristorante Miramare, Largo Farnese 6, Tel. 08 59 06 65 56. Beliebtes Lokal in Höhenlage mit guter abruzzesischer Küche (So geschl.).

50 Vasto

Grüne Höhen, alte Bäume, eine weite Bucht und eine von Diomedes gegründete Stadt.

Auf der SS Adriatica umfährt man das Felsenkap von *Penna* (Wallfahrtskirche S. Maria da Penna) und erreicht die weite Bucht von Vasto mit dem ganz in Grün gebetteten Badeort *Marina di Vasto*. **Vasto**, legendäre Gründung des *Diomedes*, von Römern besiedelt, von Theoderich befestigt und von Pippin zerstört, liegt auf einem Hügel mit weitem Blick über das Meer. Am besten erschließt man sich Vasto zu Fuß, wandert vom gewaltigen **Castello** an der Cattedrale San Giuseppe vorüber zum **Palaz-**

zo d'Avalos im Stil der Spätrenaissance und nach Süden zur Kirche **S. Maria Maggiore** (14. Jh.), die zwei der *Schule Tizians* zugeschriebene Gemälde besitzt. Alte Palazzi, Malerwinkel und Terrassen bestimmen das Ortsbild.

Praktische Hinweise

Information: Piazza del Popolo, Tel. 08 73 36 73 12

Hotels und Restaurants

******Montecarlo**, Marina di Vasto, Tel. 08 73 80 19 55, Fax 08 73 80 12 57. Hübsch gelegenes Strandhotel mit Pool (geöffnet Juni–Sept.).

*****Acquario**, Marina di Vasto, Tel. 08 73 80 19 86, Fax 08 73 80 19 86. Angenehmes, kleineres Hotel mit schattigem Garten.

Ristorante Villa Vignola, Marina di Vasto, Tel. 08 73 31 00 50. Hübsches Villenlokal mit Atriumgarten; Köstlichkeiten aus Meeresfrüchten.

Ristorante Castello Aragona, Vasto, Via San Michele 105, Tel. 0 87 36 98 85. Man sitzt herrlich auf der Terrasse mit dem weitem Meerblick (Mo geschl.).

Auf der Suche nach der stehengebliebenen Zeit in den weißen Gassen von Peschici, dem Adlerhorst auf dem Gargano

51 Termoli und Isole Tremiti

Eine Altstadt wie ein Schiffsbug und ein Archipel interessanter Inselchen.

Die Straße zwischen Meer und grünen Hügeln bietet reizvolle Ausblicke, vor allem auf die **Altstadt** von Termoli, die einem *Schiffsbug* aus Backsteinen gleich vor dem Hintergrund der Abruzzen (Maiella-Gruppe) ins Meer ragt. Zu oft wurde Termoli zerstört, zuletzt durch die eigene Bauwut. Nur die Fassade der **Cattedrale San Basso** (12. Jh.) im romanisch-apulischen Stil ist noch schön und alt. Das **Castello**, das Kaiser Friedrich II., der Schwabe, ganz am Rande seiner ›provincia amatissima‹ Apulien 1247 anlegen ließ, überdauerte halb zerfallen.

Der **Hafen** von Termoli ist Ausgangspunkt für Schiffsreisen zu den **Isole Tremiti**. Der kleine Archipel, Kalkinselchen mit steilabfallenden Felsenküsten, mit Meeresgrotten und Höhlen durchsetzt, liegt etwa 20 km vor der Gargano-Küste. Auf den nur z. T. bewohnten **Inseln** San Domino, San Nicola und Caprara finden *Unterwassersportler* ein ideales Revier.

Überlieferungen berichten, der argivische *Diomedes* habe einst hier ein **Reich** gegründet, die Geschichte weiß, daß Augustus seine Nichte Julia und Karl d. Gr. den Geschichtsschreiber Paulus Diaconus hierher verbannte. Im 9. Jh. kamen die Benediktiner und bauten ihre Abtei **S. Maria al Mare** hoch oben auf einem schroffen Felsen von San Nicola.

Praktische Hinweise

Information: AAST, Termoli, Piazza Bega, Tel. 08 75 70 67 54, Fax 08 75 70 49 56

Schiffsverkehr zu den Isole Tremiti (Mai–Sept. mehrmals täglich)

Hotels und Restaurants

******Kyrie**, San Domino (Isole Tremiti), Tel. 08 82 66 32 41, Fax 08 82 66 34 15. Schönes, in einem Pinienhain gelegenes Hotel (geöffnet April–Sept.).

*****Mistral**, Termoli, Lungomare Cristoforo Colombo 50, Tel. 08 75 70 52 46, Fax 08 75 70 52 20. Zimmer mit Meerblick.

Bei Rodi Garganico kratzt das Gargano-Gebirge, der Sporn des italienischen Stiefels, zum ersten Mal die Adriaküste

****Gabbiano**, San Domino (Isole Tremiti), Tel. 08 82 66 34 10, Fax 08 82 66 34 28. Hotel mit Restaurant.

Ristorante Il Mambo, Termoli, Via d'Andrea 29, Tel. 08 75 70 61 90. Altstadtlokal mit rustikalem Ambiente und Molise-Küche (Mo geschl.).

Torre Sinarca, 3 km außerhalb von Termoli, Tel. 08 75 70 33 18. Originelles Lokal in einem 400 Jahre alten Turm (Mo geschl.).

52 Rodi Garganico

Weiße Würfelhäuser, steile Gassen.

Kurz vor der Mündung des Fiume Fortore verläßt die SS Adriatica die Küste. *Lago di Lesina* und *Lago di Varano* schieben sich zwischen Land und Meer. Die gebirgige **Halbinsel Gargano**, ein verkarstetes Kalksteinmassiv, das den *Sporn* des italienischen Stiefels bildet, stellt eine Zäsur in der sanften Küstenlandschaft dar. Man wählt die bei Lesina abzweigende **Strada Panoramica** und erreicht Rodi Garganico.

Rodi Garganico, mit engen steilen Gassen, Treppen und Treppchen, vielen Winkeln, kleinen Plätzen, setzt sich deutlich vom adriatischen Strandeinerlei ab. Die schrundigen Felsen des 1000 m hohen **Monte Gargano** fallen steil ins Meer ab, und die Strände sind schmal. Die Straße verläuft weiter nach *Peschici*, das wie ein Adlerhorst auf einem Felsvorsprung liegt, der das nördliche Becken der Adria endgültig eingrenzt.

Praktische Hinweise

Hotels

****Baia Santa Barbara**, etwas außerhalb von Rodi, Tel. 08 84 96 52 53, Fax 08 84 96 54 14. Angenehm im Pinienschatten gelegen, mit Restaurant (geöffnet April–Sept.).

****D'Amato**, Località Spiaggia dei Peschici, Tel. 08 84 96 34 15, Fax 08 84 96 33 91. Privatstrand, Tennisplatz, Restaurant (geöffnet April–Sept.).

Restaurants

Bella Rodi, Rodi Garganico, Via Scalo Marittimo, Tel. 08 84 96 57 86. Einfaches Lokal, fangfrischer Fisch.

La Grotta delle Rondini, am Molo etwas außerhalb Peschici, Tel. 08 84 96 40 07. Lokal in einer Naturgrotte, Service auf der Terrasse hoch über dem Meer.

Italienische Adria aktuell A bis Z

Vor Reiseantritt

ADAC Info-Service:
Tel. 0 18 05/10 11 12, Fax 30 29 28

ADAC Info-Service zur Badewasserqualität an der Oberen Adria:
0 89/76 76 25 61

ADAC im Internet:
http://www.adac.de

Informationen gibt das **Staatliche Italienische Fremdenverkehrsamt ENIT** (Ente Nazionale Italiano per il Turismo):

Gebührenpflichtige Servicenummer für Prospektversand:
Tel. 01 90/79 90 90

Deutschland
Karl-Liebknecht-Str. 34, 10178 Berlin,
Tel. 0 30/23 14 69 17, Fax 23 14 69 12

Kaiserstraße 65, 60329 Frankfurt/Main,
Tel. 0 69/23 74 34, Fax 23 28 94

Goethestraße 20, 80336 München,
Tel. 0 89/53 13 17, Fax 53 45 27

Österreich
Kärntnerring 4, 1010 Wien,
Tel. 01/50 54 37 40, Fax 5 05 02 48

Schweiz
Uraniastraße 32, 8001 Zürich,
Tel. 01/2 11 79 17, Fax 2 11 38 85

Allgemeine Informationen

Reisedokumente

Deutschland, Österreich und Italien sind EU-Vollmitglieder (Schengen-Abkommen), zwischen diesen Ländern wurden die Grenzbalken am 1. 4. 1998 abgebaut. Trotzdem ist die Mitnahme des Reisepasses oder eines gültigen Personalausweises verpflichtend vorgeschrieben, da stichprobenartig Überprüfungen durch die Exekutive in der Nähe der Landesgrenzen durchgeführt werden.

Die Schweiz ist ein Drittland, in dem nach wie vor Grenzkontrollen stattfinden und Reisende aus Deutschland und Österreich zur Ein- und Durchreise einen Reisepaß oder einen gültigen Personalausweis benötigen.

Kfz-Papiere

Vorgeschrieben sind für das eigene **Kraftfahrzeug** der nationale Führerschein, der Zulassungsschein und die *Internationale Grüne Versicherungskarte*, die sich bei Unfällen als sehr nützlich erweisen kann. Wer einen fremden Wagen fährt, benötigt eine Vollmacht des Fahrzeugbesitzers.

◁ *Seltsame Welt: Tausende Sonnenanbeter suchen in Cattolica Tausende Schirme gegen die Sonne*

Für **Motorboote** ab 3 Steuer-PS (1 Steuer-PS = 3,5 PS) ist die bei Autofahrerclubs erhältliche *Blaue Karte* erforderlich.

Krankenversicherung etc.

Auslandskrankenscheine der Krankenkassen berechtigen zur kostenlosen Behandlung in öffentlichen italienischen Krankenhäusern und bei Vertragsärzten. Eine **private Auslandskrankenversicherung** schützt vor unangenehmen Überraschungen, eine Reisegepäckversicherung mildert schmerzliche Verluste.

Bei der Mitnahme von **Hund und Katze** benötigt man ein höchstens 30 Tage altes tierärztliches Gesundheitszeugnis und eine Tollwut-Impfbescheinigung (mind. 20 Tage, max. 11 Monate alt).

Zollbestimmungen

Bei Reisen mit dem Kfz innerhalb der EU gelten für die Einfuhr von Waren für den privaten Verbrauch keine Beschränkungen. Es gibt allerdings Richtwerte. Sie liegen bei 800 Zigaretten oder 200 Zigarren, 10 l Spirituosen, 90 l Wein, 22 l Alkoholika bis 22%.

Bei Reisen in oder durch die Schweiz (Drittland) dürfen zollfrei 1 Stange Zigaretten, 1 l Spirituosen über 22% oder 2 l Spirituosen unter 22% und zusätzlich 2 l Wein zollfrei über die Grenze gebracht werden.

Geld

Die italienische Währungseinheit ist die *Lira* (Lit). Für die Einfuhr von Lire und Devisen gibt es keine Beschränkung. Beträge bis zu max. 20 Mio. Lire oder ihr Gegenwert in Fremdwährung dürfen aus Italien frei ausgeführt werden. Für höhere Beträge ist eine Bewilligung vom Zoll nötig.

Es gibt Noten zu 1000, 2000, 5000, 10000, 50000 und 100000 Lire und Hartgeld zu 50, 100, 200 und 500 Lire.

Euroschecks (pro Scheck max. Lit. 300000) und *Kreditkarten* werden in Banken, in Hotels und in vielen Geschäften akzeptiert.

An zahlreichen *EC-Geldautomaten* kann Geld rund um die Uhr abgehoben werden. Gegen Vorweis eines Personalausweises kann man von *Postsparbüchern* bis zu 1 Mio. Lire bekommen.

Tourismusämter im Land

In jedem der beschriebenen Orte (s. ›**Praktische Hinweise**‹ im Haupttext) gibt es Außenstellen der *Tourismusämter* oder *Informationsbüros*. Bei diesen Stellen gibt es reichhaltiges Prospektmaterial. Viele Broschüren sind in Deutsch erhältlich. Die meisten Büros sind 9–12.30 und 15–19.30 Uhr geöffnet, in kleineren Badeorten nur von Mai bis Ende September.

Notrufnummern und Adressen

Polizeinotruf, Unfallrettung: 113

Polizei (Carabinieri): 112

Feuerwehr (Vigili del Fuoco): 115

Straßenhilfsdienst des ACI: 116 (auch mehrsprachig)
Bei *Autopannen* leistet der **ACI-Pannendienst** (Soccorso Stradale), Tel. 116, rund um die Uhr Hilfe. Man beachte die *gelben Notrufsäulen* an den Autobahnen (ca. alle 2 km).

ADAC-Notrufstation für Italien in Mailand, Tel. 02 66 15 91

ADAC-Notrufzentrale München, Tel. (0049)89/22 22 22

ADAC-Ambulanzdienst München, Tel. (0049)89/76 76 76.

Bei Unfällen mit Sachschäden ist es dringend erforderlich, die Versicherungsanstalt und die Versicherungsnummer des Unfallgegners zu notieren. Bei Unfällen mit Personenschäden muß die Polizei verständigt werden. Landwirtschaftliche Fahrzeuge und Mopeds sind in Italien nicht versichert, es wird daher der Abschluß einer *Vollkaskoversicherung* für die Reisedauer empfohlen.

Bei Autodiebstählen wende man sich an die nächstliegende Polizeidienststelle (über die Notrufnummer 116 des ACI).

Diplomatische Vertretungen
Konsulate der Bundesrepublik Deutschland
Strada Maggiore 29, Bologna,
Tel. 051 22 56 58, Fax 051 22 75 45
Cannaregio, Campo S. Sofia 4201,
Venedig, Tel. 041 5 23 76 75
Viale Trieste 3, Rimini,
Tel. 0541 27 77 84, Fax 0541 71 00 65
Österreichische Konsulate
Via Ugo Bassi 13, Bologna,
Tel./Fax 051 23 75 06
Via Fabio Filzi 1, Triest,
Tel. 040 63 16 88, Fax 040 77 97 427
Schweizer Konsulate
Via Saragozza 12, Bologna,
Tel. 051 33 13 06, Fax 051 33 37 74
Dorsoduro, Campo S. Agnese 810,
Venedig, Tel. 041 5 22 59 96 und 041 5 20 39 44

Besondere Verkehrsbestimmungen

Tempolimits (in km/h)
Österreich: Im Ortsbereich Pkw 50, auf Landstraßen Pkw ohne Anhänger 100, mit Anhänger 80, auf Autobahnen mit Anhänger 100, ohne Anhänger 130 km/h.

Schweiz: Im Ortsbereich 50, auf Freilandstraßen mit und ohne Anhänger 80, auf Autobahnen mit Anhänger 80, ohne Anhänger 120 km/h.

Italien: Im Ortsbereich 50, auf Freilandstraßen mit Anhänger 70, ohne Anhänger 80, auf Autobahnen mit Anhänger 80, ohne Anhänger 130 km/h.

Es besteht **Gurtanlegepflicht** und für Zweiradfahrzeuge **Sturzhelmpflicht**.

Kinder unter 12 Jahren müssen auf dem Rücksitz befördert werden.

Die **Promillegrenze** liegt in Österreich bei 0,5‰, in der Schweiz und Italien bei 0,8‰. **Parkverbot** gilt bei schwarzgelben Bodenmarkierungen.

Wichtig: Jede Ladung, die nach hinten überragt, muß mit einer 50×50 cm großen rot-weiß-roten reflektierenden *Warntafel* (ggf. mit Rückstrahlern) versehen sein. Keine Ladung darf über die Vorderkante des Fahrzeugs hinausragen.

Bootsreisen in die Wasserwelt des Po-Deltas beginnen in Porto Tolle

Anreise

Auto

Die wichtigsten **Routen** aus Deutschland führen über Österreich (Brenner-Autobahn, Felbertauerntunnel und Plöckenpaß). Anreise aus der bzw. über die Schweiz via Splügenpaß, St.-Gotthard-Tunnel oder Simplonpaß über Mailand.

Für die *österreichischen Autobahnen* besteht **Mautpflicht**. Für Pkw gibt es 3 verschiedene Arten von Vignetten für unterschiedliche Fahrzeugklassen: für 1 Jahr, für 2 Monate, für 10 Tage. Man erhält die Aufkleber bei Tankstellen, Trafiken und Postämtern.

Auch auf den Autobahnen der *Schweiz* herrscht Mautpflicht.

Die **Autobahngebühren** in Italien werden nach fünf Kategorien und einzelnen Teilstücken berechnet. Pkw ohne Anhänger fallen in die 1., Wohnmobile in die 2., Pkw mit einachsigem Anhänger in die 3. und Pkw mit zweiachsigem Anhänger in die 4. Kategorie. Zwischen der 1. und 4. Kategorie verdoppeln sich die Preise ungefähr. Die Maut wird bei der Autobahnabfahrt in Lire oder Fremdwährung bezahlt. Besitzer der *Viacard* (beim ADAC; in Italien bei Banken, Sparkassen und an Kiosken zu umgerechnet ca. DM 45 bzw. DM 90 erhältlich) werden bei vielen Mautstellen auf eigenen Fahrspuren bargeldlos abgefertigt.

Autobahn-Tankstellen sind durchgehend geöffnet, die meisten übrigen Tankstellen Mo–Fr 7–12.30 und 15–19 Uhr. Auf Hauptstrecken gibt es *SB-Tanksäulen*, die Geldscheine zu 10000 und 50000 Lire annehmen.

Bus

Überlandbusse fahren von deutschen Großstädten nach Venedig und Rimini. Der österreichische ›Bäderbus‹ fährt von Wien über Graz an die Obere und Mittlere Adria.

Bahn/Autoreisezüge

Im *nördlichen Adria-Raum* sind Triest, Venedig, Chioggia, Ravenna und alle Küstenorte südlich von Ravenna mit der Eisenbahn zu erreichen.

Die **Hauptstrecken** führen von *Deutschland* durch *Österreich* über Tarvis nach Triest, über den Brenner nach Venedig und über Mailand/Verona–Bologna nach Rimini und südwärts.

Die wichtigsten Verbindungen aus der *Schweiz* führen durch den St.-Gotthard-Tunnel und über den Simplonpaß nach Mailand mit Anbindung an Venedig, Rimini und die Küstenstrecken.

Autoreisezüge verkehren von Hamburg nach Verona, von Frankfurt über München nach Padua und Venedig, von Wien nach Venedig und Rimini.

Flugzeug

Die *Flughäfen* für das Reisegebiet sind: Triest-Ronchi dei Legionari, Venedig-Tessera, Rimini-Miramare (nur für Inlands- und Charterflüge), Ancona-Falconara und Pescara-Pasquale Liberi.

Von Deutschland (Düsseldorf, Frankfurt, München, Stuttgart), Österreich (Innsbruck, Wien) und der Schweiz (Zürich) bestehen *Direktverbindungen* mit Venedig und *Charterverbindungen* mit Rimini, Ancona und Pescara.

Bank, Post, Telefon

Bank

Geldwechsel ist bei allen Banken Mo–Fr 8 bzw. 8.30–13.30 und 14.30 bzw. 15–16 Uhr möglich. Wechselstuben in Flughäfen und Bahnhöfen sind gewöhnlich 8–20 Uhr geöffnet. Beim Geldwechsel ist die Vorlage eines *Personaldokuments* erforderlich.

Post

Postämter sind Mo–Fr 8–13.30 bzw. bis 14, Sa 8–11.40 Uhr geöffnet. Briefmarken *(francobolli)* kauft man in Tabakläden *(tabacchi)* und in Geschäften, die das Monopolzeichen T über der Türe führen. Das **Porto** für Auslandsbriefe und Postkarten beträgt derzeit 750, in Nicht-EU-Länder 850 Lire.

Telefon

Telefon- und Postämter sind häufig getrennt. Zum Telefonieren aus Telefonzellen und Bars (gelb-schwarze Wählscheiben!) benötigt man **Geldmünzen** zu 100, 200 und 500 Lire oder eine **Telefonkarte** (*scheda telefonica*) zu 5000, 10 000 oder 15 000 Lire, die man an den Schaltern SIP, in Tabakläden oder auf Bahnhöfen erhält. Auch Telefonmünzen (*gettoni*) sind noch im Umlauf. Bei Gesprächen **nach Italien** gilt die **Vorwahl 0039**. Bei Ortsgesprächen in Italien muß die Vorwahl, bei Gesprächen aus dem Ausland nach Italien die Null der Vorwahl gewählt werden. Deutschland ist **von Italien** unter der Vorwahlnummer **0049, Österreich** unter **0043** und die **Schweiz** unter **0041** zu erreichen (man verzichte auf die 0 bei der Ortsnetzkennzahl).

Mobiltelefone dürfen mitgeführt werden. Ihre Benutzung ist aber nur im *D1*- und *D2-Netz* möglich und erlaubt.

Schuhverkauf unter freiem Himmel

Einkaufen

Die **Geschäftszeiten** sind regional unterschiedlich. Im allgemeinen halten Geschäfte Mo–Sa 8.30 bzw. 9–12.30 und 15.30 bzw. 16–19 bzw. 19.30 Uhr geöffnet. Geschäfte in Fremdenverkehrsorten können durchgehend, auch abends geöffnet sein. Ein halber Ruhetag in der Woche wird entweder Montag (in Venedig und Triest), Mittwoch oder an Samstagnachmittagen eingehalten.

Souvenirs

Das Angebot ist kaum übersehbar und reicht von *Kitsch* bis zu *reizvollen handwerklichen Erzeugnissen*. In *Venedig* und *Murano* kauft man **edles Glas** (Vorsicht vor Industrieglas!), **Spitzen** und **Stickereien** aus Burano, handgearbeitete **Masken**, **Marmorpapier** und aus Marmorpapier gearbeitete Gegenstände, **feine Stoffe**, die **Papuzze** (Samtschuhe) der Gondolieri und **Mosaiken**. Im *Veneto* findet man **Keramik** aus Friaul, **Antiquitäten** und **alte Stiche** in Triest. Die *Emilia-Romagna* ist für ihre **Keramiken** aus Faenza, die **Leinendrucke** aus Santarcangelo, **Holzwaren** aus Mesola, die **Mosaiken** aus Ravenna und die **Flechtarbeiten** aus den Lagunenregionen berühmt. Aus den *Marken* kommen **Klöppelspitzen** aus Offida, **Majoliken** aus Pesaro, Arbeiten aus **Korallen**, **Lederwaren, Stroh**- und **Holzobjekte**. Typisch für die Region *Abruzzen* sind **Töpferwaren** und kunsthandwerkliche **Keramiken, Zinnwaren** aus Teramo, **Schmiedeeisen** aus Vasto und **Kupferarbeiten** aus Guardiagrele.

Essen und Trinken

Das **Frühstück** *(prima colazione)* spielt in Italien eine untergeordnete Rolle. Italiener trinken meist nur einen *caffè* (Espresso) oder einen *cappuccino* (Milchkaffee) in einer Bar und essen ein *brioche*, ein *cornetto* (Teighörnchen) oder einen *baiolo* (gesüßter Zwieback) dazu. Die Hotels der oberen Preisklasse bieten nach internationalem Brauch zwar Frühstücksbufetts an, doch in preiswerteren Hotels beschränkt sich das Angebot meist auf Kaffee, Weißbrot und Marmelade.

Der sich nach dem bescheidenen Frühstück bald einstellende Hunger wird mit **phantasievollen Imbissen** gestillt. **Triestiner** gehen in ihre berühmten Kaffeehäuser oder nehmen ihren *rebechin*, eine eher deftige Jause mit Terrano-Wein, in einer der vielen Imbißstuben im Stehen ein. **Venezianer** verwöhnen sich in Bars, kleinen Cafés, in Osterie und in den beliebten einfachen *Bàcari* (Kneipen) mit *cicheti*, kleinen Häppchen, oder *tramezzini*, dreieckigen Weißbrotsandwiches, und trinken dazu eine *ombra* (Schatten), ein kleines Gläschen Wein (1 dl). An der nördlichen Lagunenküste besteht ein Imbiß oft aus San-Daniele-Schinken, im südlichen Veneto aus eingelegtem Gemüse, Muscheln und Fischhäppchen. In der **Romagna** gibt es mit Kräutern gefüllte Fladenbrote, *piadine* (Brötchen) mit Mortadella und *crostini*, Weißbrotspießchen mit Mozzarellascheiben, zum Wein. In den **Marken** genießt man feine Schinkenscheiben auf dem *panino* (Brötchen), dazu gewürzte Oliven und *carciofini*, ganz junge Artischocken. In der Region **Abruzzen** reicht man feine Scheibchen vom gegrillten *Pecorino* (Schafskäse) auf Weißbrotscheiben.

Auch das **Mittagessen** *(colazione* oder *pranzo)* ist eine leichte Mahlzeit, die häufig in *Pizzerie* oder in *Bàcari*, einer typischen Weinbar, eingenommen wird. In Restaurants (*ristoranti*) serviert man den *pranzo* frühestens ab 12.30 Uhr. Auch in bescheidenen Lokalen erwartet man, daß der Gast eine kleine Vorspeise, einen Hauptgang und ein Dessert ißt. Zu den Preisen auf der Speisekarte kommt noch ein Betrag für *pane e coperto* (Brot und Gedeck) und ein Bedienungszuschlag von 10–15% hinzu.

Die wichtigste Mahlzeit ist das **Abendessen** (*cena*). Es besteht meist aus einer kalten Vorspeise (*antipasto*), Suppe oder Nudelgericht (*primo piatto*), Hauptgang aus Fisch oder Fleisch (*secondo piatto*) und Dessert (Obst, Süßspeisen oder Käse). Das Abendessen wird ab 19.30 Uhr serviert.

Traumwesen in Tüll – Pfauenmasken beim venezianischen Karneval

Feste und Feiern

In ganz Italien gelten der 1. und 6. Januar, Ostersonntag (*Pasqua*) und Ostermontag (*Pasquetta*), der 25. April (Fest der Befreiung), der 1. Mai, 15. August (*Ferragosto*), 1. November, 8. Dezember (Mariä Empfängnis), 25. und 26. Dezember als gesetzliche Feiertage. Dazu kommen noch die *Festtage der lokalen Schutzheiligen*. In Venedig ist das der 25. April (San Marco).

Das ganze Jahr über findet eine Fülle von termingebundenen, immer wiederkehrenden **Festen** und **Veranstaltungen** statt. Im folgenden eine Auswahl der wichtigsten Ereignisse.

Januar

Concordia Sagittaria (5. 1.): *Casera* mit großem Flußfeuer am Lemene (Vorabend des Dreikönigsfestes).

Venedig (6. 1.) Volkslauf *Corsa delle Befane* am Lido mit Volksfesttrubel.

Februar

Venedig: Ende Februar/Anfang März (14 Tage vor Aschermittwoch) beginnt der *Carnevale di Venezia* an der Piazza San Marco, im Geviert Canal Grande und Riva degli Schiavoni, aber auch auf kleineren Plätzen der Sestieri.

Muggia (Ende Februar/Anfang März): *Carnevale* am Faschingssonntag mit riesigen Festwagen.

März

Venedig (2. Sonntag): *Su e zo per i ponti.* Rundlauf von und bis zur Piazza San Marco über die Brücken und durch alle Sestieri.

April
San Marino (1.4.): Feierliche Einsetzung des Regenten (für ein halbes Jahr) mit allem Pomp des Ministaates.

Chieti (Karfreitag): Eindrucksvolle nächtliche *Karfreitagsprozession*, von der Erzbruderschaft des Totenberges veranstaltet. Weitere Karfreitagsprozessionen in alten Kostümen in Montefiore Conca mit Brotverteilung nach altem Brauch.

Venedig (25.4.): *Festa di San Marco* – der Tag des Stadtpatrons beginnt mit einer eindrucksvollen Prozession und einem feierlichen Hochamt in der Basilica di San Marco. Nachmittags Gondelregatten auf dem Canal Grande und ein Straßenfest auf der Piazza San Marco.

Mai
Cervia-Milano Marittima (12.5.): Farbenprächtige *›Vermählung mit dem Meer‹*, Venedig nachempfunden.

Santarcangelo di Romagna: *Balconi Fioriti* – großes Blütenfest und Messe für Pflanzen und Blumen.

Venedig (Mai/Juni, am Sonntag nach Christi Himmelfahrt): *Festa della Sensa* – nostalgische Schiffsprozession des heutigen *Bucintoro* im Geleit historischer Schiffe zum Lido. Zur Erinnerung an die Begründung der venezianischen Adriaherrschaft um 1000 n. Chr. wird die Vermählung des Dogen mit dem Meer gefeiert. Den Dogen ersetzt heute der Bürgermeister.

Juni
Padua (13.6.): Die Stadt begeht am Tag des hl. Antonius ihr *Stadtfest*.

Juli
Grado (1. Sonntag): *Perdon da Barbana* – Schiffsprozession zur Wallfahrtskirche auf der Insel Barbana.

Cesenatico (Mitte des Monats): *Sommerkarneval*, bunt und turbulent, ohne historischen Bezug.

Venedig (3. Sonntag): *Festa del Redentore* – es beginnt am Vorabend mit einem Volksfest und lampiongeschmückten Booten auf dem Canale della Giudecca sowie einem nächtlichen Feuerwerk. Anderntags zieht eine feierliche Prozession über die Pontonbrücke am Kanal zur Pest-Votivkirche Il Redentore.

›Tischlein deck dich‹ – Tafelfreuden im Lagunenland

Von Region zu Region wechseln die typischen Gerichte, die charakteristischen Zutaten, die Kräuter und Gewürze.

Friaul – Julisch Venetien: Küstenzauber
Die Küche Friaul-Julisch Venetiens war immer grenzüberschreitenden Einflüssen ausgesetzt. Nun gibt es nicht allzu viele Nudelgerichte aber viele risotti, gnocchi und überall die polenta (Maisbreigericht) sowie gebundene Suppen (Iota, Bisna, Boreto).

An der **Küste** *koste man Grigliata mista (aus Seeteufel, Scampi und Aal), Tintenfischragout mit Polenta (Seppie in umido con polenta), gratinierte Schwertfischrouladen (Involtini di pesce spada gratinati), Meerspinne nach Art von Grado (Grancseola alla moda di Grado), frittierte Scampi, Seedatteln (datteri di mare) und Jakobsmuscheln (cape sante). Wo der fogolar (offener Kamin mit Grillrost) noch in der Küche anzutreffen ist, gibt es viel gegrilltes Fleisch, außerdem kräftig gewürztes Wild und exquisites Gemüse, Spargel, Radicchio rosso (roter Salat), Spinat und weiße Rüben aus der Carnia.*

Delikatessen der Region *sind der Prosciutto di San Daniele, der speckähnliche Sauris und der würzige Tafelkäse Spressa.* **Weine** *kommen aus dem Collio, den Colli Orientali und dem Carso. Beliebte*

Herrlich frisches Gemüse und duftende Kräuter auf dem Markt von Cervia

Veißweine der Gegend: Pinot bianco, Pinot grigio, Sauvignon und Picolit. Beliebte Rotweine: Cabernet, Merlot, Pinot nero.

Phantasie alla Veneziana
Kulinarische Phantasie ist vor allem in Venedig angesagt: So färbt der Tintenfisch das Risotto schwarz (Risotto nero), Spaghetti kommen mit einem Sugo aus Schalentieren (alla busara), mit Austern oder Heuschreckenkrebsen (canoce) auf den Tisch. In den tagliolini steckt Krebsfleisch, marinierte Sardinen (in saor) werden mit Zwiebeln, Rosinen und Pinienkernen zubereitet, Venusmuscheln (Vongole) in Ingwer gedünstet. Köstlich sind auch die Goldbrasse vom Grill (Orata grigliata) oder die gefüllten Miesmuscheln (Peoci alla galeotta). Natürlich geht es auch einfacher. **Reis** *ist die Basis für viele risotti mit Kräutern und jungen Gemüsen (di primavera), mit kleinen Artischocken (carciofini), mit Geflügelleberstückchen (rovinassi) oder in Verbindung mit Erbsen (Risi e bisi).* **Maisgrieß** *bildet den Grundstock für die ungemein variantenreiche Polenta, die zusammen mit Stockfisch (baccalà), kleinen Krabben (schìe), geschmortem Aal (anguilla), mit Fleischragouts (al ragù) und Pilzen auf den Tisch kommt. Typisch ist die Kalbsleber mit Zwiebeln (Fegato alla Veneziana), der Schmorbraten mit Wein (Pastissada), das Filet (Filetto) mit jungen Artischocken oder das Kaninchenfilet mit Kräutern (Coniglio alla erbette). Die originellsten* **Süßspeisen** *(Dolci) sind, neben Tiramisù, das von hier aus um die Welt ging, eine Baisertorte mit Vanille (Meringata) und gekochte Früchte (Frutta cotta), ganz von Zuckersirup umhüllt.*

Delikatessen aus dem Veneto *sind Pasteten aller Art und eingelegtes Gemüse. Weißwein (Pinot, Sauvignon) kommt aus den Colli Euganei, Rotwein (Cabernet und Merlot) aus den Colli Asolani. Beliebt ist der Prosecco (Sekt) aus Conegliano und Valdobbiadene.*

Schlaraffenland Emilia-Romagna
Die Emilia-Romagna, eine Region mit Meer und Hügeln, Fischen und Viehzucht, gilt als das ›Schlaraffenland‹ Italiens. Eine der Grundlagen der Küche ist die foglia, der hauchdünn ausgerollte

Emilianische Spezialitäten liebevoll angeboten in den alten Mauern von San Leo

Nudelteig, aus dem die 1001 Nudelgerichte entstehen. Die Emilia-Romagna ist die Heimat der Cappelletti, Tortelloni, Ravioli, Rivoltoni, der Lasagne und der Pasticci. An der **Küste** *besteht ihre Füllung auch zuweilen aus Meeresfrüchten. Aus den Wäldern des Apennin kommen Pilze (schwarze und weiße Trüffel); herrliches Obst stammt aus dem Umland von Ravenna.*

Typisch für die Fischküche sind die Risotti alla pescatora (nach Art der Fischerin) und di anguille (mit Aal), die Aalsuppe aus Comacchio (Brodetto di anguilla) und allerlei Fischsuppen (Brodetti) aus dem täglichen Fang. Weitere **Spezialitäten** *sind Spaghetti alla vongole (mit Muscheln), die Polenta mit kleinen Krebsen (gamberetti), Seeteufel (coda di rospo) oder Steinbutt (rombo) in Kapernsauce, Tintenfische (seppie) in Safransauce (allo zafferano), außerdem Sardellen, Seezungen, Makrelen, Goldbrassen vom Holzkohlenrost. Unter den Fleischgerichten sind der Milchschweinebraten (Arrosto al latte), die Koteletts (costolette) mit Oliven und das Kaninchen mit Kräutern (Coniglio alle erbe) herausragend. ›Tierisch‹ gute Spezialitäten sind weiter Prosciutto di Parma, Mortadella, Salame da sugo, eine ausgezeichnete Ferrareser Salami und Parmigiano reggiano.*
Beliebte Weißweine: Trebbiano Romagnolo, Albano secco; Rotweine: Sangiovese, Bonarda.

Ob Meeresfrüchte oder Marzipan – Gaumenfreuden des Südens

Marken oder wo der Thunfisch betrunken ist

Die fruchtbare Landschaft der Marken, reiche Viehzucht, üppige Landwirtschaft und einer der wichtigsten Fischmärkte Italiens (San Benedetto del Tronto) geben die Ingredienzen für die Küche vor. Getrost kann man mit Vincisgrassi (gefülltes, gebackenes Nudelgericht) oder Cappelletti (gefüllten Teighütchen) beginnen oder mit der typischen Kapaunsuppe (Passatelle) aus Urbino. Ein schöner Einstieg ist auch eine der reichen Fischsuppen (Brodetti), die all'anconetana (mit Tomaten), alla recanatese (mit Safran) oder als Zuppa di Datteri (mit Dattelmuscheln) auf den Tisch kommen. Fische werden häufig in potacchio (im Topf), zuweilen auch mit Wein (Tonno briaco = betrunkener Thunfisch) zubereitet oder am Spieß gebraten. Muscheln werden meist gefüllt gereicht (Muscioli ripieni) oder mit Kartoffeln im Ofen gebacken, Sardinen bekommen eine Kräuterfüllung (Acciughe ripiene). Selbst die Oliven (Olive farcite) werden in Ascoli Piceno mit Fleisch und Gewürz vermengt gebacken. Fleisch und Geflügel werden am Spieß, mit Saucen im Topf (in potaccio) oder nach Jägerinnenart (alla cacciatora) zubereitet. Dabei spielen Oliven, Wildfenchel und Salbei eine große Rolle. Das Kaninchen (coniglio) bekommt man sehr oft mit Tomaten und Oliven geschmort, der Truthahn nach Picener Art (Tacchino alla Picena) wird mit Wildkräutern und Wein im Schweinenetz zubereitet.

Delikatessen aus den Marken *sind Prosciutto di Montefeltro, Finocchielle (mit Fenchel gewürzte Würste) und in Würzsaucen eingelegte Oliven und Trüffel.* **Weine** *kommen aus den Colli Piceni und aus dem Küstenhinterland. Weißweine: Bianco dei Colli Piceni, Trebbiano, Verdicchio di Jesi. Rotwein: Rosso del Conero und Sangiovese Pescarese.*

In den Fischläden von Comacchio ist der Aal König

Abruzzen – rustikale Küche

Die abruzzesische Küche präsentiert sich sehr traditionell, teilweise bäuerlich. Dort ist man stolz auf Maccheroni alla chitarra, für die man den Nudelteig mit einem Werkzeug aus parallel verlaufenden Stahlsaiten schneidet. Ebenso verlockend sind scripelle und fregnacce (ländliche Crêpes) und die Pastuccia (Schmorbraten aus Würsten, Eiern und Schafskäse).

An der **Küste** *gibt es im Tontopf gekochte Fischsuppen (Brodetti), vor allem den Brodetto vastese, einen Fischtopf mit Meeresfrüchten und Muscheln, sowie den Guazzetto di Pesce, die typische Fischsuppe aus Pescara mit Heuschreckenkrebsen und Scampi angereichert. Es gibt ferner gefüllte Tintenfische, Seezungen (sogliole) mit schwarzen Oliven, tagesfrische Fische mit Tomaten und scharfen Peperoncini zubereitet sowie eine Fülle von Pesce azzurro (vom Grill) und Schalentieren. Im* **Landesinneren** *kocht man viel Lamm (agnello), zuweilen noch im traditionellen Kupferkessel der Hirten. Es gibt die nach Wildkräutern duftende Hammelkeule (castratello) oder die aus der Region Molise ›eingewanderte‹ Pezzata, ein in Wein zubereitetes gefülltes Lamm.* **Delikatessen** *sind außerdem der Fegato dolce (Leberwurst, mit Honig und Pistazien gewürzt) und die Ventricina (mit Fenchel und Paprika zubereitete Schinkenwurst), Schafskäse aus Atri und Rivisondoli sowie als süße Leckerei der Torrone Nurzia (Nougat).*

Beliebte **Weine** *sind der weiße Trebbiano d'Abruzzo und der rote Cerasuolo d'Abruzzo.*

August
Ascoli Piceno (4./5.8.): Quintana-Turnier, *Ritterspiel* in alten Trachten.

Comacchio (13.8.): Fest des Schutzheiligen San Cassiano mit einem Wettkampf der traditionellen *batane* (Boote).

Fermo (15. August): *Palio dell'Assunta* – Pferderennen in historischen Kostümen.

September
San Marino: Traditionelles Gründungsfest der Republik – *Festa di Fondazione della Repubblica.*

Cattolica (5. und 6.9.): *Festa de Borg* – malerisches Fest des Stadtviertels Giuliano.

Giulianova (8.–10.9.): *Fest des Porto Salvo* mit einer Prozession der Fischer.

Canale di Brenta (1. Sonntag): *Regata Storica* mit farbenprächtigen Kostümen.

Venedig (1. Sonntag): *Regata Storica* – prächtiges Bootsspektakel mit historischen Booten und historischen Kostümen im Geleit des *Bucintoro* auf dem Canal Grande. Wettkämpfe der Gondolieri.

November
Venedig (21.11.): *Festa della Salute.* Prozession zur Chiesa Santa Maria della Salute auf einer Bootsbrücke über den Canal Grande.

Dezember
Loreto: Fest der Überführung der Santa Casa nach Loreto.

Klima und Reisezeit

Frühlingsreisen lohnen sich in die großen Städte: Dort ist es dann noch ruhig, die Landschaft verwandelt sich im April in einen *Blütenteppich*. Die Saison in den **Badeorten** beginnt jedoch erst Ende Mai/Anfang Juni. Zwischen Juni und September herrscht ideales Badewetter. In diesem Zeitraum sind Hotels und Strände stark frequentiert, der Höhepunkt wird Mariä Himmelfahrt (Ferragosto) erreicht, wenn ganz Italien seine Ferienwoche um den 15. August einplant.

An der ganzen Küstenlinie zeichnet sich der **September** durch angenehme Temperaturen aus. Im *Nordraum* herrscht häufig klares, warmes Wetter. Allerdings sind ab Mitte September schon viele Badehotels geschlossen, und im Herbst setzt häufig Regen ein.

Für kunsthistorisch Interessierte eignen sich die **Wintermonate** zum Besuch der so viel stiller gewordenen Städte.

Klimatabelle
für die mittlere Adriaküste

Monat	Luft (°C) min./max.	Wasser min./max.
Mai	7/25	14,9/21,1
Juni	10/28	18,7/22,2
Juli	13/30	22,7/27
August	13/32	22,8/27,5
September	10/26	20,2/24,7
Oktober	4/22	16,2/20,7

Kultur live

Venedigs Angebot an kulturellen Ereignissen, an **Ausstellungen, Theateraufführungen** (auch nach dem Brand des Teatro La Fenice) und **Konzerten**, ist äußerst vielfältig. Und auch die weniger berühmten Städte und Ferienorte bieten ein gutes **Festivalprogramm**. Hier eine Auswahl:

Juni
Venedig (Juni bis Oktober in Jahren mit gerader Zahl):
Biennale, die wichtigste Ausstellung zeitgenössischer Kunst.

Triest (Juni/Juli): Operettenfestival.

Cattolica (Juni/Juli): *Mystfest* – Festival des Kriminal- und Gruselfilms.

Cattolica (Juni und September): Opern- und Chorkonzerte.

Juli
Santarcangelo: Theaterfestival.

Rimini: Sagra Musicale Malatestiana.

Miramare (Juli/August): Licht- und Tonspiele im Park des Schlosses.

Jesolo (Juli/August):
Estate musicale, Musiksommer mit reichhaltigem Programm.

Faenza (Juli/August): Internationaler Kunsttöpferwettbewerb.

Pesaro: Internationales Festival des Neuen Films.

Portonovo (Juli/August): Musiksommer.

Fermo (Juli/August): Symphonisches und lyrisches Festival.

August
Venedig (Ende August/Anfang September): Filmfestspiele im Palazzo del Cinema am Lido.

September
Venedig (September/Oktober): *Festival di Musica Contemporanea* in verschiedenen Sälen.

Oktober
Venedig (Oktober/November): Festival del Teatro.

Museen und Kirchen

Museen

Die *Öffnungszeiten* der Museen sind uneinheitlich. Detaillierte Angaben finden sich im Haupttext. Im allgemeinen kann man jedoch davon ausgehen, daß die Museen 9–13 Uhr geöffnet sind, wobei Montag als Ruhetag gilt.

Kirchen

Während der *Gottesdienste* sollten Kirchen nicht besichtigt werden. In den Mittagsstunden sind sie zumeist geschlossen. Kleinere Kirchen in abgelegenen Orten sind meist verschlossen, es findet sich jedoch immer jemand in der Nähe, der behilflich sein kann.

Nachtleben

Kasino

Venedig: *Casino Municipale*, 1.10.–31.3. im Palazzo Vendramin-Calergi am Canal Grande, 1.4.–30.9. im Palazzo del Casinò am Lido. Gespielt werden Roulette, Black Jack, Chemin de Fer, Trente et Quarante. Elegantes Ambiente.

Diskotheken

In Venedig und an den Lagunenstränden gibt es (außer in Caorle) relativ wenige Diskotheken. *Nightlife* spielt sich v.a. in den Küstenorten der Emilia-Romagna zwischen Cesenatico und Cattolica ab. In der Hochsaison Juli/August sind die Nachtlokale (Discos, Bars, Dancings) ab 22 Uhr bis 4 Uhr früh geöffnet.

Die Diskotheken liegen meist außerhalb der Hotelzentren auf den Hängen der ersten Hügel. Es besteht ein *Nachtbus-Service* (Blue Line).

Allnächtlich bis zum Morgengrauen heiße Rhythmen in Riccione Pub Maxie

Sport

Infrastrukturen und Anlagen in den Badeorten ermöglichen eine Fülle von sportlichen Betätigungen. Die großen *Strände* sind für alle **Wassersportarten** (Schwimmen, Segeln, Surfen, Rudern, Wasserski, Wassermotorräder, Tauchen, Sportangeln) und für viele Strandsportarten (Baseball, Beach-Basketball, Beach-Volleyball, Fußball, Reitsport, Golf, Tennis, Rollschuhfahren, Tontaubenschießen, Bogenschießen) eingerichtet. Es bestehen *Schulen* für Segeln, Windsurfen, Kanufahren, Tauchen, Reiten, Tennis. Überall kann man Fahrräder und Mountainbikes leihen.

Für Fahrrad- und Reitausflüge in das Küstenhügelland und die Flußtäler allein oder in Gruppen stehen – vorwiegend an der romagnolischen Küste – ausgezeichnete **Broschüren** mit Routenangaben zur Verfügung.

Sprachführer

In den Urlaubsorten hat man sich vielfach auf deutschsprachige Gäste eingerichtet. Im Hinterland wird jedoch meist nur italienisch gesprochen.

Für den täglichen Umgang

Guten Tag!	*Buon giorno!*
Guten Abend!	*Buona sera!*
Auf Wiedersehen!	*Arrivederla!*
Bitte	*Per favore*
Danke sehr!	*Mille grazie!*
ja	*si*

nein	*no*
Entschuldigung	*Scusi!*
Gestatten Sie?	*Permette?*
Sprechen Sie Deutsch?	*Parla tedesco?*

Unterwegs

links	*sinistra*
rechts	*destra*
Wo ist ...?	*Dov' è ..?*
wann?	*quando?*
Wie weit ist es ...?	*Quanto dista ..?*
Wo finde ich ...?	*Dove trovo ...?*
Wie spät ist es?	*Che ore sono?*
Um wieviel Uhr ...?	*A que ora ..?*
Welche ist die Straße nach ...?	*Qual è la strada per ...?*
Bahnhof	*stazione*
Flughafen	*aeroporto*
Hafen	*porto*
Parkplatz	*parcheggio*
Hotel	*albergo*
Polizei	*polizia*
Krankenhaus	*ospedale*
Werkstätte	*officina*

Beim Einkauf

Ich hätte gern ...	*Vorrei ...*
Was kostet das?	*Quanto costa questo?*
Das ist zu teuer!	*È troppo caro!*
Das gefällt mir!	*Questo mi piace!*
Wo gibt es ...?	*Dove ci sono ...?*
Ich verstehe nicht!	*Non capisco!*
Könnten Sie mir wechseln?	*Può cambiarmi ...?*
Leider nicht!	*Purtroppo no!*
Obst	*frutta*
Gemüse	*verdura*
Brot	*pane*
Bäckerei	*panificio*

Strandtreff in Cervia: Beach-Volleyball, mehr Spaß als Sport

Fleisch	*carne*
Fleischladen	*macelleria*
Fisch	*pesce*
Fischmarkt	*pescheria*
Delikatessengeschäft	*pizzicheria*

Im Hotel

Haben Sie ein Einzel-/Doppelzimmer frei?	*Avete una camera singola/ a due letti?*
mit Dusche	*con doccia*
mit Bad	*con bagno*
mit Frühstück	*con colazione*
mit Garage	*con garage*
Die Rechnung, bitte!	*La fattura prego!*

Tage/Zahlen

Montag	*lunedì*
Dienstag	*martedì*
Mittwoch	*mercoledì*
Donnerstag	*giovedì*
Freitag	*venerdì*
Samstag	*sabato*
Sonntag	*domenica*
0	*zero*
1	*uno*
2	*due*
3	*tre*
4	*quattro*
5	*cinque*
6	*sei*
7	*sette*
8	*otto*
9	*nove*
10	*dieci*
11	*undici*
12	*dodici*
20	*venti*
50	*cinquanta*
100	*cento*
500	*cinquecento*
1000	*mille*

Stadt, Land, Fluß

Abtei	*abbazia*
Berg	*monte*
Bogen	*arco*
Brücke	*ponte*
Brunnen	*fontana*
Bucht	*baia*
Burg	*castello*
Dom	*duomo*
Dorf	*villaggio*
Einfahrt	*ingresso*
Feld	*campo*
Festung	*fortezza*
Garten	*giardino*
Gemäldegalerie	*pinacoteca*
Gipfel	*cima*

Glockenturm	*campanile*
Hafen	*porto*
Hauptstraße	*corso*
Hügel	*colle*
Kirche	*chiesa*
Kloster	*monastero*
Küste	*costa*
Leuchtturm	*faro*
Markt	*mercato*
Mauer	*mura*
Meer	*mare*
Messegelände	*fiera*
Rathaus	*municipio*
Schauspielhaus	*politeama*
See	*lago*
Seebahnhof	*stazione marittima*
Stadt	*città*
Stadtviertel	*quartiere*
Strand	*spiaggia*
Tal	*valle*
Treppe	*scala*
Ufer	*riva*
Wald	*foresta*

Statistik

Das **Adriatische Meer** ist von Nordwest bis Südost 820 km lang und durchschnittlich 180 km breit (größte Breite: 220 km). Es bedeckt eine **Fläche v**on 132 000 km^2 und ist im Nordbecken (nördlich des Vorgebirges Monte Gargano) durchschnittlich zwischen 40 und 200 m tief (größte Tiefe 266 m). Sein **Salzgehalt** beträgt im Mündungsgebiet der großen Flüsse etwa 2,5% (Oberflächenwasser) und nimmt nach Süden bis 3,9% zu.

Das Reisegebiet dieses Führers umfaßt die Küstenlandschaften der Regionen Friuli-Venezia Giulia (Friaul-Julisch Venetien), Veneto (Venetien), Emilia-Romagna, Marche (Marken), Abruzzo (Abruzzen), Molise und den nördlichsten Teil der Region Puglia (Apulien).

Friuli-Venezia Giulia: Diese Region ist die kleinste italienische Provinz, (Hauptstadt Triest, 237 000 Einw.). Sie befindet sich zwischen den Karnischen Alpen und der Adria, dem Stromgebiet des Tagliamento und Isonzo und besitzt den Status der Selbstverwaltung. Unter den 1,2 Mio. Einwohnern der Region sind 500 000 Friulani, welche eine rätoromanische Mundart sprechen.

Veneto: Venedig (85 000 Einw.) ist die Hauptstadt dieser 18 365 km^2 großen Region mit 4 367 000 Einwohnern. Das Gebiet schließt im Westen an die Region Friuli-Venezia Giulia an und reicht bis über die von Lagunen geprägte Küste ins Po-Delta und weit ins Hinterland bis zum Gardasee.

Emilia-Romagna: Diese Region liegt zwischen Po-Delta, Apennin und Adriaküste südlich von Cattolica und ist 22 124 km^2 groß. 3 947 100 Einwohner leben vorwiegend in der Hauptstadt Bologna (442 000 Einw.) und in den übrigen großen Städten Ferrara, Forlì, Modena, Parma, Piacenza, Reggio nell'Emilia und Ravenna. Ravenna (138 000 Einw.) ist im Sommer nur tagsüber überfüllt, die Küstenstädte Comacchio (21 500 Einw.), Cervia (25 000 Einw.), Cesenatico (20 000 Einw.), Rimini (130 000 Einw.), Riccione (32 000 Einw.), Cattolica (16 000 Einw.) und ihre Badevororte wachsen in der Hauptsaison um ein Vielfaches ihrer Einwohnerzahlen an.

Marche: Die 9693 km^2 große, teils gebirgige Region (Apennin) mit 1 424 000 Einwohnern (starke Abwanderung) senkt sich über ein ausgedehntes Hügelland zur Küste ab. Der sehr lange Küstenstreifen reicht von Gabicce Mare (5600 Einw.) über Pesaro (90 000 Einw.), Senigallia (40 000 Einw.), Ancona (100 000 Einw.), Civitanova Marche (36 000 Einw.) bis San Benedetto del Tronto (17 000 Einw.).

Abruzzo: Mit einer Fläche von 10 794 km^2 reicht die Region vom zentralen Bergland Gran Sasso d'Italia bis an die Adriaküste zwischen Giulianova und Vasto. Sie bildet mit der Region Molise eine Verwaltungseinheit. Die Hauptstadt L'Aquila (65 000 Einw.) liegt im gebirgigen Inland. Die Küstenregion ist sehr dünn besiedelt, die frühen Gründungen liegen im Hügelland. Nur Pescara (132 000 Einw.) und Vasto (33 670 Einw.) sind größere Städte an der Küste.

Molise: Der Küstenanteil der abgeschiedenen, im Apenino Napolitano gelegenen Region, auf deren 4438 km^2 großen Fläche nur 332 700 Einwohner leben, besitzt einen kleinen, wenig genutzten Adriaanteil bei Termoli (22 233 Einw.).

Puglia: Vom Nordrand der Region Apulien sind in diesem Führer nur die Orte des nördlichen Gargano-Massivs, Rodi Garganico (4500 Einw.) und Peschici (4060 Einw.) erwähnt.

Grand Hotel in Rimini: luxuriös, stolz, kultiviert, eine Enklave mit viel Stil

Unterkunft

Hotels

Hotels werden mit * (sehr bescheiden) bis *****(Luxushotel) klassifiziert. Die Mehrzahl der Hotels in den Badeorten sind *Mittelklassehotels*. Wer gerne unmittelbar am Strand wohnt, sollte sich unbedingt vorher über die genaue Lage des Hotels informieren.

Prospektmaterial mit Ortsplänen erhält man über die **Fremdenverkehrsbüros**. In der *Hochsaison*, vor allem während der italienischen Schulferien (Mitte Juni bis Mitte September), sind die Hotels häufig ausgebucht. Empfehlungen bieten die **›Praktischen Hinweise‹** bei den jeweiligen Orten.

Ferienhäuser

Im ganzen Reisegebiet werden Ferienhäuser und Ferienwohnungen angeboten, die wochenweise vermietet werden. Sie sind komplett eingerichtet, Bettwäsche und Handtücher müssen häufig mitgebracht werden, können aber teilweise auch gemietet werden. Reichillustrierte *Kataloge* (auch von ADAC Reisen) geben detaillierte Auskünfte.

Camping

Groß ist das Angebot an Campingplätzen, über das Prospektmaterial der örtlichen Fremdenverkehrsverbände informiert. Gerade in den vergangenen Jahren haben die Campingplätze an der Adriaküste qualitativ aufgeholt. Eine Beschreibung geprüfter Campingplätze bietet der jährlich erscheinende *Camping-Führer des ADAC*.

Jugendherbergen

Über Jugendherbergen gibt die Gesellschaft AIG (Associazione Italiana Alberghi per la Gioventù), Via Cavour 44, 00184 Rom, Tel. 06/4871152 Auskunft.

Verkehrsmittel im Land

Eisenbahn

Zwischen *Venedig* und *Triest* verläuft die Eisenbahn (ferrovia) bis Monfalcone im Hinterland der Küste. Zu den **Badeorten** fahren Busse ab den Bahnstationen San Donà di Piave (nach Jesolo), Portogruaro (nach Caorle), Latisana (nach Bibione Lignano), Cervignano (nach Grado).

Zwischen *Venedig* und *Ravenna* hat nur Chioggia einen Bahnanschluß. Die Badeorte im Po-Delta erreicht man über Rovigo, Ferrara und Ravenna. Ab Ravenna verbindet die Bahn alle Badeorte bis Peschici.

Bus

Ein *dichtes Autobusnetz* verbindet die Küste mit allen wichtigen Orten im Hinterland. Fahrkarten (*biglietti*) besorgt man sich in Kiosken, Geschäften oder im Bus selbst.

Schiffsverkehr

Schiffsverbindungen gibt es von **Venedig** nach Triest, *Personenfähren* (im Jahresverkehr) verbinden die Laguneninseln, *Autofähren* verkehren zum Lido und nach Punta Sabbioni.

Autofähren verkehren in der Saison auch zwischen Venedig und Ancona, Ancona und Rimini. *Ausflugsverkehr* besteht in der Saison zwischen Venedig, Caorle, Lignano, Grado, Duino und Triest. Ausflugsschiffe von Lignano und Grado fahren in die Laguna di Marano und die Laguna di Grado.

Reger Schiffsverkehr findet im *Po-Delta* statt. Die Schiffe fahren bis Ferrara. Die *Isole Tremiti* erreicht man von Ortona aus mit dem Tragflächenboot, von Vasto und Termoli mit der Personenfähre.

Mietwagen

In den Städten und größeren Orten kann man Autos mieten. Für Mitglieder bietet die ADAC-Autovermietung GmbH günstige Bedingungen (Buchungen über ADAC-Geschäftsstellen).

Register

Bildnachweis

Außer den nachstehend aufgeführten Quellen stammen alle fotografischen Aufnahmen von Rainer Hackenberg, Köln

AKG photo, Berlin: 23, 26, 30, 64 (oben), 67, 81 (oben), 83 (oben), 84 – *Franz Marc Frei, München:* 24 (unten) – *Horst Herzig, Groß-Gerau:* 8 (unten), 9 (unten), 34 (unten), 60 (unten), 68, 114 – *Tina Herzig, Groß-Gerau:* 32 (unten), 92 (oben), 133 – *Gerold Jung, Ottobrunn:* 28, 45, 46 (2), 48, 49, 50, 57, 63 (2), 70 (unten) – *Silvestris Fotoservice, Kastl:* 74 (oben), 100/101 – *Süddeutscher Verlag, Bilderdienst, München:* 12, 13 (unten), 15 (2) – *Klaus Thiele, Warburg:* 11 (Mitte), 103 (unten) – *Martin Thomas, Aachen:* 31, 64 (unten), 65, 74 (unten), 75 – *Sandro Vannini, Viterbo:* 5, 24/25, 91 (oben), 92 (unten), 136, 137 – *Harald Walden, Düsseldorf:* 38, 40 – *Ernst Wrba, Sulzbach/Taunus:* 7 (unten), 27, 90, 91 (Mitte), 91 (unten), 93, 95, 103 (oben), 132

In der ADAC-Reiseführer-Reihe sind erschienen:

Ägypten
Andalusien
Australien
Bali/Lombok
Barcelona
Berlin
Bodensee
Brasilien
Bretagne
Budapest
Burgund
Côte d'Azur
Dresden
Elsaß
Florenz
Florida
Gardasee
Gran Canaria
Hamburg
Irland
Israel
Italienische Adria
Italienische Riviera
Kalifornien
Kanada – Der Osten
Karibik
Kreta
London
Mallorca
Malta
Marokko
Mecklenburg-Vorpommern
Mexiko
München
Neuengland
New York
Norwegen
Oberbayern
Paris
Peloponnes
Portugal
Prag
Provence
Rom
Salzburg
Schottland
Sizilien
St. Petersburg
Südafrika
Südtirol
Tessin
Thailand
Toskana
Türkei-Südküste
Türkei-Westküste
Tunesien
Ungarn
Venedig
Wien

Weitere Titel in Vorbereitung

Impressum

Umschlag-Vorderseite: Strand von Numana, Riviera del Conero
Foto: Rainer Hackenberg, Köln

Titelseite: Burgberg von San Marino
Foto: Silvestris Fotoservice, Kastl

Abbildungen: siehe Bildnachweis S. 142

Lektorat: Dagmar Walden-Awodu
Bildredaktion: Johannes Graf von Preysing, Dagmar Walden-Awodu
Umschlag, Gestaltung: Norbert Dinkel, München
Karten: Computerkartographie Carrle, München
Reproduktion: eurocrom 4, Villorba/Italien
Satz: Filmsatz Schröter GmbH, München
Druck, Bindung: Franz Spiegel Buch GmbH, Ulm-Jungingen
Printed in Germany

ISBN 3-87003-704-0

Gedruckt auf chlorfrei gebleichtem Papier

2., neu bearbeitete Auflage 1998

Redaktion ADAC-Reiseführer:
ADAC Verlag GmbH, 81365 München

Die Daten und Fakten für dieses Werk wurden mit äußerster Sorgfalt recherchiert und geprüft. Da vor allem touristische Informationen häufig Veränderungen unterworfen sind, kann für die Richtigkeit der Angaben leider keine Gewähr übernommen werden. Die Redaktion ist für Hinweise und Verbesserungsvorschläge dankbar.